Q&A
クラスのなかの「気になる子ども」
―――― 「特別なニーズ」の理解と支援 ――――

教育出版

編者・執筆者一覧

【編　者】

渡辺　　徹　宮城教育大学・同特別支援教育総合研究センター

【執筆者】（執筆順）

渡辺　　徹　上掲

渡辺　千香子　盛岡市保健センター

野口　和人　宮城教育大学

関口　博久　宮城教育大学

村上　由則　宮城教育大学

【イラスト】

小牧　綾乃　仙台市子供相談支援センター

はじめに──この本の活用の仕方

　前著『特別支援教育への招待』（宮城教育大学特別支援教育総合研究センター編／編集代表：渡辺徹，教育出版，2005）では，特殊教育から特別支援教育への新しい流れと，視覚・聴覚・言語・運動・病弱・発達・適応に関係する障害／福祉の基本知識を幅広く取り上げました。どちらかというと，特別支援教育のリーダーや特別支援教育コーディネーターのための入門書・概論書的な性格のものでした。

　「特別なニーズ」とは，一人ひとりの子どもが必要とする配慮を意味します。「特別なニーズのある子ども」は，必ずしも医学的に診断が確定した障害児とは限りません。この本では主にＬＤ（学習障害），ＡＤＨＤ（注意欠陥多動性障害），高機能自閉症などの広汎性発達障害，虐待，不登校，健康障害，そしてその周辺にいる「気になる子ども」「疑いのある子ども」など，通常の学級を中心に身近にいる子どもたちを対象として取り上げています。

　特別支援教育の理念が浸透し，制度として整備され，かつ支援の体制が完全に整備されるにはまだ時間がかかるように思われます。しかし保育・教育の現場はもちろんのこと，子どもたち自身の成長も，何かができるまで待っているわけにはいきません。保育者・教師からは，「毎日毎日，目の前にいる子どもに問題を突きつけられて困っている」「何をどう対応したらいいんだろう」「自分の対応は間違っていないのだろうか」など，「気になる子ども」をどのように理解し，どのような支援をすればよいのか，数多くの悩みや疑問が発せられています。

　この本は，そうした悩みや疑問に具体的に答えようと企画しました。特別支援教育について専門的な研修を受けていない保育者・教師・保護者あるいは学生でも，読んで理解できるように，できるだけ平易な文章を心がけたつもりです。また多くのケースと支援例をＱ＆Ａで示し，目の前の子どもに適切に支援できるヒントが得られるように構成しました。特にこの本の特色でもある「2章　ケースと支援編」の「よくない対応の例」は，執筆者が数多くの臨床経験から得た対応原理です。子どものかかえる問題がこじれたり，さらに悪い方向に進んだりしないためにも，ぜひ心に留めていただきたいと思います。

幼児期は，はっきりとした診断がついていない子どもが数多くいます。学齢期になって診断が変わることもあります。診断が必要だと保護者にすすめることだけに専念し，診断がついてしまうと安心して，問題が解決したかのごとく錯覚してしまうのは，よくありません。保育・教育の現場では診断名にとらわれず，子どもの状態像を的確に把握すること，必要な具体的支援を考え，迅速に対応することが何より求められます。

　重度重複障害児の教育ですぐれた理論と実践を展開した梅津八三は，教育の効果が上がるのは，教師と子どもの双方向の評価が成立していて，「適時・適切・適度な援助」がなされることであると言っています。子どもに評価されていることを自覚し，タイミングのよい，子どもの能力特性にあった，決して度をこさない支援を提供することは，そう簡単なことではありません。しかし，それができるように努力したいものです。また，知的障害児・者の教育と福祉にすぐれた成果を残した近藤益雄は，「のんき・こんき・げんき」を自分の戒めの言葉にしました。特別なニーズがある子どもとかかわるとき，保育者・教師・保護者は子どものペースにあわせ，決して急がず，粘り強く，元気に対応すること，これはとても大事なことです。具体的な支援の前提として，この二人の言葉の意味をしっかりかみしめたいものです。

　最後にこの本の利用の仕方についてですが，必ずしも最初から順を追って読む必要はありません。以下のような読み方をおすすめします。

○基本をおさえたい方
　→まず「1章　基礎知識編」のＱ＆Ａをお読みください。
○自分のかかわっている子どもに対して具体的支援のヒントを得たい方
　→「2章　ケースと支援編」のＱ＆Ａをお読みください。
○自分の対応が悪くないか，もう一度確認したい方
　→「2章　ケースと支援編」のＱ＆Ａの，特に「ケース」と「よくない対応の例」をお読みください。

編者　渡辺　徹

目　次

はじめに──この本の活用の仕方

1章　基礎知識編

【特殊教育と特別支援教育】

QⅠ-1　特殊教育と特別支援教育の違い ………………………………………… 2
QⅠ-2　特別支援教育への転換の背景 …………………………………………… 2
QⅠ-3　特別支援学級・特別支援学校 …………………………………………… 3

【障害の原因・診断】

QⅠ-4　発達障害とは ……………………………………………………………… 4
QⅠ-5　軽度発達障害の診断 ……………………………………………………… 4
QⅠ-6　発達障害における性差と遺伝 …………………………………………… 5

【発達障害とその関連】

QⅠ-7　知的障害児と学業不振児 ………………………………………………… 6
QⅠ-8　自閉症と広汎性発達障害 ………………………………………………… 6

【LD・ADHD】

QⅠ-9　　LDとADHD …………………………………………………………… 7
QⅠ-10　LDの診断 ………………………………………………………………… 8
QⅠ-11　ADHDの予後 …………………………………………………………… 8

v

【支援計画・指導計画】
QⅠ-12 さまざまな支援計画・指導計画の違い……………………………… 9
QⅠ-13 個別の指導計画の必要性…………………………………………… 9
QⅠ-14 個別の指導計画の内容……………………………………………… 10
QⅠ-15 「ガイドライン」について………………………………………… 10

【不登校・虐待】
QⅠ-16 不登校と虐待の現状………………………………………………… 11

【その他】
QⅠ-17 障害児の子育てで起こりがちな問題……………………………… 12
QⅠ-18 「障害は個性」か…………………………………………………… 12
QⅠ-19 「同情ではなく共感が重要」……………………………………… 13
QⅠ-20 発達障害と犯罪……………………………………………………… 13
QⅠ-21 発達障害児の支援の原則…………………………………………… 14

2章　ケースと支援編

【行　動】
QⅡ-1　ADHDの疑い（行動のコントロール）………………………… 16
QⅡ-2　気になる子ども（緩慢な行動）…………………………………… 18
QⅡ-3　発達障害の疑い（癲癇・自傷行為）……………………………… 20
QⅡ-4　ADHD（暴言・暴力）…………………………………………… 22
QⅡ-5　ADHD・広汎性発達障害（自己評価・自己有能感・自己イメージ）…… 24
QⅡ-6　ADHD（整理・整頓）…………………………………………… 26
QⅡ-7　広汎性発達障害（学習・行動支援）……………………………… 28
QⅡ-8　場面緘黙（基本対応）……………………………………………… 30
QⅡ-9　場面緘黙（クラスがえ）…………………………………………… 32
QⅡ-10 不登校（基本対応）………………………………………………… 34

vi

QⅡ-11	不登校（身体症状）	36
QⅡ-12	統合失調症（見立て・鑑別）	38
QⅡ-13	インシュリン依存型糖尿病（食事・ぼんやり）	40
QⅡ-14	てんかん（意識レベル低下・物をなくす）	42
QⅡ-15	先天性股関節脱臼（運動・成長）	44
QⅡ-16	筋ジストロフィー（運動・成長）	46
QⅡ-17	気管支喘息（落ちつきのなさ・身体的困難）	48
QⅡ-18	先天性心疾患（食事・ぼんやり）	50
QⅡ-19	視覚障害・聴覚障害の疑い（姿勢・身体的困難）	52

【学　習】

QⅢ-1	ＬＤ（読字困難）	54
QⅢ-2	ＬＤ（書字困難）	56
QⅢ-3	ＬＤ（計算・文章題困難）	58
QⅢ-4	獲得性脳損傷・高次脳機能障害（症状の理解と支援）	60
QⅢ-5	広汎性発達障害（活動への参加・個別指導補助）	62
QⅢ-6	ＡＤＨＤ・広汎性発達障害（学習支援）	64
QⅢ-7	ＡＤＨＤ・ＬＤ・知的障害（学習支援）	66
QⅢ-8	不登校（保健室登校）	68

【授業／活動】

QⅣ-1	広汎性発達障害の疑い（一人遊び）	70
QⅣ-2	話すことのできない子ども（言葉の遅れ）	72
QⅣ-3	広汎性発達障害（授業放棄・教室の飛び出し）	74
QⅣ-4	高機能自閉症（授業・活動の展開）	76
QⅣ-5	ＡＤＨＤ（授業参加）	78
QⅣ-6	てんかん（意識レベル低下・ぼんやり）	80
QⅣ-7	てんかん（意識レベル低下・活動の保障）	82
QⅣ-8	アトピー性皮膚炎（落ちつきのなさ・身体的困難）	84
QⅣ-9	糖尿病・食物アレルギー（活動・食事制限）	86

【学級生活／学級経営】

QⅤ-1　自閉症の疑い（幼児への障害の説明） ……………………………… 88
QⅤ-2　発達障害（学級崩壊） ………………………………………………… 90
QⅤ-3　発達障害（事件・事故への対応） …………………………………… 92
QⅤ-4　学校経営（特別支援教育コーディネーター） ……………………… 94
QⅤ-5　場面緘黙（「話せた」ことをほめることの功罪） ………………… 96
QⅤ-6　ＡＤＨＤ（座席） ……………………………………………………… 98
QⅤ-7　ＡＤＨＤ（ほかの子どもからのクレーム） ………………………… 100
QⅤ-8　統合失調症（基本対応） ……………………………………………… 102
QⅤ-9　血友病・心臓疾患（運動・活動制限） ……………………………… 104
QⅤ-10　糖尿病（食事・クラスの子どもへの説明） ………………………… 106
QⅤ-11　食物アレルギー・食事制限（食事・社会性） ……………………… 108

【連携／協力】

QⅥ-1　広汎性発達障害の疑い（保護者への対応） ………………………… 110
QⅥ-2　気になる子ども（保護者・専門機関との連携） …………………… 112
QⅥ-3　獲得性脳損傷・高次脳機能障害（復学） …………………………… 114
QⅥ-4　ＡＤＨＤ（医療との連携） …………………………………………… 116
QⅥ-5　統合失調症（連携） …………………………………………………… 118
QⅥ-6　肥満傾向（食事・家族） ……………………………………………… 120

【その他】

QⅦ-1　虐待（身体疾患） ……………………………………………………… 122
QⅦ-2　虐待（ケガ） …………………………………………………………… 124
QⅦ-3　虐待（性的虐待） ……………………………………………………… 126
QⅦ-4　糖尿病（食事・社会性） ……………………………………………… 128
QⅦ-5　血友病・心臓疾患（運動・状況把握） ……………………………… 130

索　引 ……………………………………………………………………………… 132

1 章

基礎知識編

特殊教育と特別支援教育

 Ⅰ-1 特殊教育と特別支援教育の違い
特殊教育と特別支援教育の違いは何ですか？

 対象の児童生徒と教育のとらえ方に違いがあります。

　特殊教育は，特殊な教育の場，すなわち「盲・聾・養護学校・特殊学級でおこなわれる教育」と，対象としての「特殊児童（日本の場合は障害児）に対しておこなわれる教育」という二つの意味があります。学校教育法の一部改正により，平成19年4月から正式に特別支援教育という用語が採用されました。これは従来の障害に学習障害（LD），注意欠陥多動性障害（ADHD），高機能自閉症，アスペルガー症候群等を加えて，一人ひとりの子どもの教育的ニーズに応じて必要な支援をおこなう教育です。ここでは「障害児は特殊教育，健常児は普通教育」という機械的な分離別学の体制を改め，障害児も健常児も共に学びあう一体化した教育を推進するための「対象と場を特定した教育」から「機能に着目した教育」への画期的な発想の転換があります。広く考えれば，障害の有無にかかわらず，一人ひとりの子どもが必要とする特別のニーズを提供する教育ということができます。

 Ⅰ-2 特別支援教育への転換の背景
特殊教育から特別支援教育への転換にはどんな背景があるのですか？

 障害観や障害者の自立観の変化が背景にあります。

　転換の背景として，第一に障害観の変化があげられます。WHOから出された国際生活機能分類（2001年）では，心身機能・身体構造―活動―参加が双方向的にかかわり，それに健康状態や環境因子と個人因子が加わって，一人の人間がかかえる障害状況が規定されています。大事なことは，障害の責任を個人

一人に帰結させるのではなく，社会の支援体制との関係で，より社会が負うべきものととらえていることです。

　第二に障害者の自立観の変化です。従来障害者が自立することの最優先課題は，ＡＤＬ（日常生活動作）を訓練によって高めることでした。障害があると，すべてを犠牲にしてそれだけに向かうように仕向けられることの弊害が指摘され，近年はもっとＱＯＬ（生活の質）を中心に据えるべきであると主張されるようになりました。

　これらのもとになっているのは，1960年代に北欧で起こったノーマライゼーション，その後に続くインテグレーション（統合），そして1990年以降のインクルージョン（一体化）という思潮の変化です。特別支援教育では，障害児を異質な存在として見るのではなく，一体化した中で個々のニーズに柔軟に対応すべき存在として見ることになります。

 Ⅰ-3 特別支援学級・特別支援学校
特殊学級や従来の盲・聾・養護学校は，どうなっていくのですか？

 法律上の名称は変わりますが，運営形態はまだ明確ではありません。

　学校教育法の一部改正で，平成19年4月から特殊学級が特別支援学級に，盲・聾・養護学校が特別支援学校という名称に変わります。ただし法律の用語とは異なる通称使用や，地域によってさまざまな運営形態になる可能性はあります。また将来的には障害児の学籍が通常学級に置かれ，従来の固定式の特殊学級より通級式の特別支援教室が多くなることが予想され，学校内での教師同士の連携もより重要になってきます。一方，盲・聾・養護学校は，主に重度・重複障害の子どもたちの指導のほか，センター的役割が強化され，地域の小中学校をサポートすることになります。これらがうまく機能するかどうかは，教員の研修，学級定員と教員定数，指導補助員やボランティアの人員配備がどのように展開されるかにかかっています。

　また，特別支援教育の展開では，これまでの特殊教育の長年の実践を通じて蓄積されたすぐれた指導内容・方法を上手に活用して，子どもに対する教育の

質が低下しないよう留意しなければいけません。何の配慮もないまま，障害児と健常児が「ただいっしょにいるだけ」の教育では，子どもたちが犠牲になってしまいます。

障害の原因・診断

 Ⅰ-4 発達障害とは
発達障害とはどんな障害なのですか？ またそれは治るものですか？

中枢神経系の機能障害が原因で，「治る」ではなく克服・改善できるものです。

　知的障害，自閉症，学習障害（ＬＤ），注意欠陥多動性障害（ＡＤＨＤ）などに代表される，脳の中枢神経系の機能がうまく働かないことが原因で起こる障害の総称です。年齢的に期待される平均の発達的状態から逸脱しており，それが長期間持続します。

　障害は病気と異なり，一般的に「治る」という言い方はしません。砂原茂一（1980年）は『リハビリテーション』（岩波新書）の中で，火事で燃え盛っている状態を病気，焼け跡を障害とたとえています。障害の克服・改善のために，周囲の者が協力して支援の体制を整え，効果的な指導をすることで，限りなく治った状態に近づけていくという考え方が大切です。

 Ⅰ-5 軽度発達障害の診断
軽度発達障害は，だれがどのように診断するのですか？

 医師が国際的に使用されている診断基準にもとづいて診断します。

　「軽度」という言葉は，単に「知的障害がともなわない」という意味です。特別支援教育の対象として新しく取り上げられた学習障害（ＬＤ），注意欠陥

4　1章　基礎知識編

多動性障害（ＡＤＨＤ），高機能自閉症等を一括していう場合に便宜的に使用されます。文部科学省の調査（2002年）では，その疑いがある児童生徒の割合は6.3％でした。

　主に小児科医，児童精神科医などが，国際的に使用されている基準（ＤＳＭ-ⅣやＩＣＤ-10）にもとづいて診断しますが，数量的に測定するようなものではありません。医学的診断とは別に，都道府県や市の教育委員会に設置された専門家チーム（医師・臨床心理士・有識者・教員などで構成）によって，既述の障害があるかどうかの判断がくだされる場合もあります。

Ⅰ-6　軽度発達障害における性差と遺伝
発達障害は男子が多く，また遺伝も関係すると聞きましたが，本当ですか？

本当です。圧倒的に男子が多く，遺伝も関係していると考えられます。

　出現率の男女比は自閉症で３～４：１，ＬＤも４～５：１，ＡＤＨＤも同程度かそれ以上で，圧倒的に男子が優位です。理由ははっきりしませんが，男子は生物学的に女子より弱く，胎生期・周産期の脳の侵襲に対する抵抗力が弱いからではないかと推測されます。

　軽度発達障害は遺伝的要因も関係があるといわれていますが，100％親から子にその形質が伝わるものと誤解されやすいので注意が必要です。その子に障害がある場合，家族や近親者に発達障害がある確率がやや高いという意味です。遺伝ということで，犯人探しがはじまったり，親が罪の意識をもったりすることは，本人の成長にいい影響を与えることはありません。子ども自身の今と将来に向かってどのような支援をしたらよいかを考えるべきです。

発達障害とその関連

I-7　知的障害児と学業不振児
知的障害児と学業不振児とでは，どんな違いがあるのですか？

学業不振児は基本的に知的障害がないのに学業が振るわない子どもです。

　知的障害は知能が平均以下（ＩＱ70〜75以下）であり，同時に社会生活をおくるための基本的な技能（たとえばコミュニケーションや身辺自立など）に制限があって，それらが18歳以前にあらわれます。知的障害があると学習は遅れますが，知的障害がなくても学習が遅れ学業成績が振るわない状況は起こります。これには発達障害とは異なる要因，すなわち環境要因や心理的要因が関与する場合もありますが，なかには学習障害（ＬＤ）や注意欠陥多動性障害（ＡＤＨＤ）といった発達障害がもともとの要因になって起こる場合があることは十分予想されます。これらを見逃さないようにすることが大事です。

I-8　自閉症と広汎性発達障害
自閉症と広汎性発達障害とでは，どんな違いがあるのですか？

広汎性発達障害の中に自閉症が含まれると考えるのが，一般的です。

　広汎性発達障害には，自閉症，レット障害，小児期崩壊性障害，アスペルガー障害（症候群）などが含まれ，発達の面での広範囲な障害が特徴です。これらを自閉症スペクトラム（連続体）ととらえることもでき，それぞれがまったく質的に異なる障害ということではありません。
　自閉症は対人関係障害，コミュニケーション障害，興味・関心の狭さや反復・常同的行動を特徴とし，3歳以前に発症します。自閉症は知的障害がともなう場合とともなわない場合があり，後者が高機能自閉症です。親の愛情欠如や性格的な偏りが原因というのはまったくの誤解です。

自閉症の診断基準を完全に満たさないとき，これを便宜的に広汎性発達障害という場合があります。この周辺部にかなり多くの子どもたちがいるのではないかと推測されています。

LD・ADHD

I-9 LDとADHD

LDとADHDでは，どんな違いがあるのですか？

違いはありますが，合併することもあります。

　LDは「聞く，話す，読む，書く，計算する又は推論する能力のうち特定のものの習得と使用に著しい困難を示す状態」で，タイプとして言語性LDと非言語性LD（例－協応運動の困難）とに類型化する場合があります。医学の定義では，書字・読字・計算などの障害に限定して使われます。問題のあらわれ方は子どもによってずいぶん異なります。

　ADHDは「年齢あるいは発達に不釣合いな注意力，および又は衝動性，多動性を特徴とする行動の障害」です。不注意優勢型，多動性－衝動性優勢型，混合型の3タイプに分けられます。

　LD，ADHDとも中枢神経系の機能障害が原因として推定され，合併する割合が高いといわれています。彼らの多くは，トラブルメーカーとして「問題児」「困った子」として見られ，二次的な障害として「自己肯定感」が低下しがちですが，本人自身がいちばん「困っている」のであり，支援を必要としている子どもたちなのです。

Ⅰ-10　ＬＤの診断
ＬＤを判断するテストはあるのですか？

ＬＤの疑いがあるかどうかを判断するテストはあります。

　アメリカの学者・マイクルバストが作成した日本版でＰＲＳ（「ＬＤ児診断のためのスクリーニングテスト」文教資料協会・適用年齢5歳〜15歳）と，上野一彦等が作成したＬＤＩ（「ＬＤ判断のための調査票」日本文化科学社）があります。前者は5領域24項目の5段階評価をし，言語性ＬＤと非言語性ＬＤの特徴がわかります。後者は基礎学力，行動，社会性など計8領域について4段階評価をし，ＬＤの可能性について「高い・可能性あり・低い」という判定がなされます。もちろんこれで確定診断ができるなどというものではありません。このようなテストのほかに，担任による細かな行動観察や学習のつまずき分析が判断の貴重な資料になります。

Ⅰ-11　ＡＤＨＤの予後
ＡＤＨＤは，年齢が上がると症状はどうなっていくのでしょうか？

ＡＤＨＤの子どもの半数以上は，思春期のころまでに症状が軽くなります。

　ＡＤＨＤは，できるだけ早期に診断を受け，適切な対応がなされれば，思春期までに症状が軽くなります。適切な対応とは，教育・医学・福祉などの専門家と保護者がしっかりと連携をとって支援していくことです。ＡＤＨＤの特徴を生かすことで，充実した生活をおくっている人たちがいる一方で，程度の問題はありますが，半数近くが成人期になっても症状が持続し，集中力の持続困難，注意散漫と健忘，感情の不安定，要領の悪さ，ストレスの耐性の弱さなどから，さまざまなトラブルを起こしているようです。近年，その割合は成人全体の1〜2％程度いるのではないかと推測されています。

8　1章　基礎知識編

支援計画・指導計画

I-12 さまざまな支援計画・指導計画の違い
個別の教育支援計画，移行支援計画，指導計画の違いは何ですか？

主に計画作成のねらいとその計画にもとづく実行期間が異なります。

「個別の教育支援計画」は，生涯支援の視点から2～3年先を見通して，教育・医療・福祉・労働などの関係機関が連携して作成する計画で，学校外の情報をこの計画にいかに反映させるかがポイントです。

「個別の移行支援計画」は入学・進学・就労などの移行期の1～2年前からそれぞれの生活の場でうまく適応できるようにするための計画です。

「個別の指導計画」は教育支援計画や移行支援計画にもとづいて，より具体的な指導内容を盛りこんだ半年から1年内の計画です。保育者・学級担任は，まずはしっかりした個別の指導計画を作成することからはじめましょう。

I-13 個別の指導計画の必要性
個別の指導計画は，なぜ必要なのですか？

全体計画による一斉指導だけでは，教育効果が十分期待できないからです。

発達障害児の多くは，一斉指導における学習の理解が十分でないために，いわゆる単なる「お客さん」状態におかれたり，授業をかき乱す「トラブルメーカー」の烙印をおされてしまったりすることが少なくありません。こうした子どもたちの学習意欲を高め，達成感をもたせるには，段階的目標を設定し，さまざまな指導場面と指導形態を準備し，指導内容を工夫した個別の指導計画を作成して，その計画にもとづいて実践することが必要です。このことによって，少しずつ成果が見えてきます。また，できないことだけでなく，興味・関心のあること，得意なことを積極的に評価し，授業の中でも活躍できる場が設定さ

れていること，授業の展開の一部にその子が取り組むことのできる特別の課題が，計画にのっとって用意されていることが大切です。

 Ⅰ-14 個別の指導計画の内容
個別の指導計画の内容は，どんなものなのですか？

 的確な実態と達成可能な具体的目標・指導内容が記載されています。

　個別の指導計画が実行され，その効果を上げるためには，計画の内容が問題になります。①学習・行動の実態，②長期（1年）・短期（学期）の目標，③指導内容・方法・指導場面と指導形態，④指導経過および結果（評価）が基本項目です。

　大事なことは，学習のつまずき・問題行動の現状を正確に把握すること，特別支援教育コーディネーターや専門家と協力してアセスメント（評価）をし，要因を分析すること，そしてそれを計画立案に生かすことです。忘れてならないのは，その計画を実行して，目標設定・指導内容・方法が適切であったかどうかの評価と修正をすることです。

 Ⅰ-15 「ガイドライン」について
軽度発達障害児に関係するガイドラインがあると聞きましたが，それはどんなものですか？

 ＬＤ，ＡＤＨＤ，高機能自閉症の児童生徒への支援体制の構築に役立ててもらうための指針です。

　平成16年1月に文部科学省から出されたもので，「小・中学校におけるＬＤ（学習障害），ＡＤＨＤ（注意欠陥／多動性障害），高機能自閉症の児童生徒への教育支援体制の整備のためのガイドライン（試案）」です。全国の小中学校で軽度発達障害児の支援体制を構築していく際の具体的方法，手続き，配慮事項などが指針として示され，たとえば教員用では，気づきと理解，個別の指導

計画，支援の実際に関する内容が記載されています。また個別の指導計画の様式例が載っているので，これを参考に校内委員会で実際に計画書の作成（Plan），実践（Do），評価（See）の手順で取り組み，子どもへの適切な支援を提供することが重要です。

不登校・虐待

 I－16　不登校と虐待の現状
不登校と虐待の現状は，どのようになっていますか？

 不登校は平成13年度をピークに減少傾向，虐待は増加傾向にあります。

　文部科学省は，不登校を「何らかの心理的，情緒的，身体的あるいは社会的要因・背景により，登校しないあるいはしたくともできない状況にあるために年間30日以上欠席した者のうち，病気や経済的な理由による者を除いたもの」と定義しています。平成13年度の約13万9千人をピークに以後少しずつ減少し，平成17年度は約12万2千人です。これがたとえばスクールカウンセラー配置の成果なのかは，はっきりしません。不登校の要因は年々多様化・複合化の傾向があり，最近は軽度発達障害との関連が注目されています。

　虐待は，身体的な暴行，わいせつな行為，ネグレクト（養育放棄），心理的に傷つける言動が，その中身です。相談対応件数だけで見ても，平成11年度に1万1千件であったものが，平成17年度は3万4千件と増加しています。それらは氷山の一角と推測され，社会全体として発生予防・早期発見と対応・保護者支援の総合的な対策が望まれます。不登校と同様に，虐待された子どもの中に発達障害の子どもがいるケースがあります。発達障害の子どもの育てにくさが，結果として虐待を誘発することがあることは十分推測されます。

その他

Ⅰ-17　障害児の子育てで起こりがちな問題

障害児の子育てにおいて起こりがちな問題は，どんなことですか？

いちばんの問題は，親のストレスが蓄積することです。

　障害のある子どもの子育ては容易ではありません。たいへんな苦労と悩みをともない，それが長期間におよびます。起こりがちな問題として，①育児不安とストレス，②子どもの障害を受容することの困難，③支援体制からの疎外状況などが考えられます。保育者や教員は共感的な態度で対応すべきであり，単純に親が悪いときめつけることはやめましょう。

　親のストレスを軽減するためには，できるだけ早い時期から医療・福祉・教育・労働が連携して，継続的支援を提供する体制の構築とプログラムの整備が必要です。また親自身が地域の親の会などに入り，経験を積んだ親から有益な情報を得て，子育ての孤立状況を積極的に打破していくことも大切です。コーディネーターなどを中心に，関係者が地域の社会的資源（活用できる施設・サービス・制度・人材等）について知っていて，親が利用できるようアドバイスすることも大切です。

Ⅰ-18　「障害は個性」か

「障害は個性である」と考えていいのでしょうか？

障害は属性ですが，その人特有の性質である「個性」とは異なります。

　視覚障害・聴覚障害・言語障害・肢体不自由・病虚弱・知的障害など，これらの障害がすべて「個性」であるとするには無理があります。「個性」は，その中に肯定的価値があることが前提です。「障害は個性である」という言い方は，障害はだれにでも起こる可能性があり，何ら特別なことではないというこ

とを強調する意図から出ていると思われますが，言葉のすり替えは感心しません。障害が個性なら，特別な支援は無用という論も成立してしまいます。「配慮が必要な個性」という表現がやや当を得ているかもしれません。もちろん，障害は専門家による慎重な診断が必要であり，単なるレッテル貼りの態度は戒められるべきです。"障害児である前に子どもである"ということを基本にしつつ，障害に対する正しい理解ときめ細かい支援が重要です。

 Ⅰ-19 「同情ではなく共感が重要」
障害児・者に対して「同情ではなく共感が重要」といわれるのは，なぜですか？

対等な人間として真摯に向きあうことが，真の理解につながるからです。

「同情」は「かわいそう」というあわれみ。「共感」は他人の感情を自分も同じように共有すること。同情は自然な感情の発露なので，一概に否定されるべきものではありませんが，「自分はああならなくてよかった」という安心感が隠れていることもあります。同情される側から見ると，そこには対等な人間としての関係はなく，障害児・者を一段低く見ていることは明らかです。同情から共感へと質的に変容させていくには，単に知識だけでなく，幼少期から，自然で密度の濃い活動を通した喜怒哀楽の感情の共有が不可欠です。このことで，「共に生きる」社会人としての資質，すなわち，できないこと，うまくいかないことをお互いに支えあう意識と態度が形成されていくと確信します。

 Ⅰ-20 発達障害と犯罪
発達障害の児童・生徒は，「犯罪予備軍」なのでしょうか？

「発達障害があると犯罪を起こす」という考えは，まったく誤った考え方です。

少年事件で，あたかも広汎性発達障害などの障害がただちに犯罪に結びつく

13

ような報道のされ方には問題があります。一般の人々が「発達障害者の多くは犯罪の加害者になる」と考えたりすることのないよう，注意深く専門家の意見を付して報道するマスコミもありますが，まだまだ十分ではありません。発達障害者が犯罪の加害者になる割合は，全体から見てきわめて少ないというのが事実です。むしろ，悪いことに利用されて犯罪の加害者や被害者になる場合もあります。発達障害者に対して，必要かつ適切な支援を継続的に受けられる体制をつくることが，不幸な犯罪を予防する唯一の近道になります。

Ⅰ-21　発達障害児の支援の原則
発達障害児の支援の原則は，どんなことですか？

「信頼と自己肯定感を確立するための支援」が原則です。

　発達障害児は，学習や行動が「みんなと同じようにできない」ということで，周囲から非難や叱責を受けながら育っており，自信を失い，人間不信に陥っていることが多いのです。その結果として，著しい自己肯定感の低下が起こっています。かかわる大人は，問題を起こす「困った子ども」ではなく，「困っている子ども」ととらえるべきです。「自分の存在が認められている」「自分にもいいところがある」という実感をもってもらうことが大切で，そのためには，困っている状況とその要因をしっかりとらえ，①受容，②支援の柔軟性，③保護者・関係機関との連携協力，④情報の共有，⑤段階的な目標の設定，⑥長所の活用を心がけて，「うまくできた」という体験を積み重ねる支援をすべきです。結果をすぐ求めず，あせらず，じっくりとかかわりましょう。

〈渡辺徹〉

2 章

ケースと支援編

行　動

Q **Ⅱ-1** ＡＤＨＤの疑い（行動のコントロール）

話を理解できないわけではないのに，何度注意をしても同じことをくり返してしまう子どもがいます。どのように対応したらよいでしょうか？

5歳のA子ちゃんは発達診断を受けていませんが，行動のコントロールが難しく，ＡＤＨＤの傾向が見られます。おしゃべりが得意ですが，相手の返答に関係なく一方的に話してしまいます。だれかが話しているときもおしゃべりは止まらず，先生が注意すると「はーい」と素直にお返事するのですが，すぐに話に割り込んできたり，となりの子に話しかけたりと，約束を守ることができません。

A ①注意を促し，「今，何をすべきか」を明確に伝えます。
②自分で気づき，行動をコントロールできるような環境を整備します。
③集団の中で活躍できる場面を設定し，自尊心を低下させないよう配慮します。

①明確で具体的な指示

　ＡＤＨＤが疑われる場合は，専門機関での受診や相談をおすすめします。ここでは，理解のポイントと，今ある資源を使ってできる対応についてお話しします。

　感度のよいアンテナをもつA子ちゃんは，まわりの情報をすばやくキャッチすることは得意ですが，多くの情報の中から「今，自分は何をすべきか」といった肝心な点を選択することが苦手なようです。おしゃべりで活発なA子ちゃんにつられて，保育者もついつい気持ちを急かされてしまいますが，ひと呼吸おき，「今から大事なことを二つ言うよ」といったようにあらかじめ前置きをして，注意を引きつけてから話しかけるとよいでしょう。また，「～してはダメ」と注意したり，「きちんとして」と曖昧な表現で話しかけたりするよりも，

16　2章　ケースと支援編

今，何をすべきなのかがわかるよう，具体的に伝えてあげるとよいでしょう。たとえば，「うるさくしないで」よりも「お口を閉じて静かに聞いてね」，「きちんと座って」よりも「おひざとおひざをくっつけて，手はおひざの上に」といった具合に，話しかける言葉を否定的・抽象的にせず肯定的・具体的にすると，すばやく対応できるようになります。

②自分で気づける環境の整備

　言われたことを忘れてしまいがちな子どもは，どうしても叱られることが多くなります。また，言われてから動く（あるいはやめる）ことに慣れてしまうと，「どうしたらよかったのか」に気づけず，自分で行動をコントロールすることがますます難しくなってしまいます。こうした子どもに対しては，約束事を書いた紙を壁に貼っておくなど，言葉で注意されなくともそれを見れば自分で気づくことのできる環境を整えてあげるとよいでしょう。また，順番にお話しすることを教えるために，ボールを持った人（あるいは帽子をかぶった人，カードを持った人）がお話しするといった，「見てわかる」ルールを適用する方法も，効果的です。

③活躍できる場の設定

　入園当初は明るく活発で，注意をされても一見，悪びれない様子のA子ちゃんですが，叱られることが多くなり，徐々に自信を失ってきたようです。なかには思うようにいかない苛立(いらだ)ちから，先生に反発したりほかの子に乱暴したりと二次的な障害に発展してしまう子どももいます。よいところ，がんばっているところはほめる心配りを忘れずに，A子ちゃんの得意なことを生かして，みんなから一目おかれ，A子ちゃん自身も自信をもてるような活躍の場（たとえば○○係や活動場面でのモデルなど）を設定する配慮があるとよいでしょう。

よくない対応の例　否定的に注意したり，曖昧な表現で指示を出したりするのはよくありません。また，A子ちゃんが望ましくない行動をとったときに，保育者が「またA子ちゃんね」と声をかけてしまうのも避けたいですね。保育者の気持ちや態度はまわりの子どもたちにも伝わり，「A子ちゃんはいつも先生に叱られる，ダメな子」といった印象を与え，同じような眼で見るようになります。A子ちゃんが約束を破ろう，先生を困らせようとしているのではなく，本人ももうまくコントロールできないでいることを，心に留めておきたいですね。

（渡辺千・渡辺徹）

Ⅱ-2 気になる子ども（緩慢な行動）

Q 常にキョロキョロまわりを見ていて、行動がいつも最後になる子どもがいます。どのように対応したらよいでしょうか？

> **ケース**
> 6歳のB男くんは、製作も、かけっこも、お部屋を移動するときも必ず最後になります。作業は丁寧なのですが、しきりにまわりを見ています。声をかけるとそのとおり行動に移すことはできますが、一つひとつ指示を出さないとなかなか次の動作に移れません。発表は上手ですし、1対1で話しかけると内容はよく理解できています。先生は、「マイペースなだけなのか」と対応に悩んでいます。

A
①見通しをもって行動できるように、視覚素材を使って活動の流れを事前に伝えます。
②わからないときや困ったときはまわりに聞いてもよいことを教えます。
③段階的に自発性を促します。

①見通しをもたせるための配慮

　B男くんのようにマイペースな印象を与える子どもは、性格が関係していることもありますが、自閉的傾向のある子どもにも見られます。また、知的な遅れが見られる場合、あるいは特に発達上の遅れがなくてもコミュニケーション能力が低い場合に、ペースがまわりの子どもたちと異なることがあります。B男くんは知的水準は年齢相応ですが、見通しがもてないと不安になるといった特徴が見られます。行動がいつも最後になるのは、自分のおかれている状況を理解し、まわりのペースにあわせることが苦手なためと考えられます。診断のついていない子どもの場合、保育者も性格ととらえていいのか発達障害などを疑うべきか悩まれるかもしれません。しかし、子どもの特徴をとらえ、その子にあったかかわりをするといった点では、診断を受けている子もそうでない子も同じです。

　特に目立った行動がない場合、本人の不安や困り感はまわりに気づかれないことも多いのですが、実際のところ本人はたくさんの不安をかかえ、困ってい

る可能性が高いのです。自信のなさが見られる場合は，安心して活動に取り組めるように「大丈夫，それでいいよ」の一言があるとよいですね。なお，見通しをもてないと不安なわけですから，事前に今日1日の流れや活動の手順を目で見てわかる表を使って知らせてあげると自信をもって行動する一助になります。

②ヘルプの発信

どうしたらよいのかわからずに困っている場合，まわりが気づくことも大切ですが，自分からもヘルプを出せるようになるとよいですね。しかし，どうしていいかわからないときに声をあげるというのは，なかなか難しいものです。不安や緊張が高まると目をパチパチさせるなどのチック症状があらわれる子どももいます。その気持ちに配慮し，だれにでも苦手なことはあることを伝え，困ったときは先生に言うように教えます。声を出して意思表示することが難しい場合は，手をあげる，「困っています。教えてください」と書かれたカードを提示する，先生の体をとんとん叩くなど，行動で示すように教えるとよいでしょう。

③段階的な自発性の促し

指示を仰ぐことが多い子どもに自発性を促す場合は，1）保育者が提案する「〜しようか」，2）二つから一つを選択させる「○と△どっちにする？」，3）複数の選択肢から選ばせる「どれにする？」，4）本人に考えさせる「何をする？」といったように，段階を踏んで進めていくことをおすすめします。このときも，視覚素材で提示するとわかりやすいと思います。

よくない対応の例 隠れた言葉の意味を理解し，能動的に取り組むことが苦手なB男くんには，「何でも好きなように自由にやりましょう」といった課題は，漠然としすぎて何をすればいいのかわかりません。また，ただひたすら「がんばれ」と言われると，何をどうがんばればいいのかわからず混乱してしまう可能性があります。

また逆にあまりに指示が細かく多すぎると，支持待ちの癖がつき，自立的な行動を起こす芽を摘んでしまいます。個別の指示を出さずに，全体に向けて「早くしなさい」と急かすだけというのもよくないですね。

（渡辺千・渡辺徹）

Q **Ⅱ-3 発達障害の疑い**（癇癪・自傷行為）

自分の要求が通らないと癇癪を起こし，床に頭を打つなどの自傷行為をしてしまう子どもがいます。どのように対応したらよいでしょうか？

> ケース
>
> 3歳のC子ちゃんは，お友達のおもちゃを「貸して」と言わずにとってしまう，お友達が「いっしょに遊ぼう」と言って寄ってきたところを何も言わずに勢いよく突き飛ばす，物を独り占めして遊ぶなどの行動が見られます。先生が注意をすると，床に頭をガンガンぶつけてしまいます。最近では，思うようにいかないと泣き崩れたり，部屋から飛び出したりと，気持ちが落ちつかないようです。

①癇癪を起こすに至る過程を観察し，未然に防ぐよう努めます。
②C子ちゃんの気持ちを察し，十分に受けとめてから，適切なかかわり方を教えます。

①癇癪の未然防止

2歳，3歳になると「これは自分のもの！」といった自己主張が強くなります。C子ちゃんは，ほかの子が遊んでいるものでも自分がほしければ奪いとってしまい，欲求や行動を抑制することがまだ苦手なようです。

C子ちゃんは，自分の言いたいことがなかなか言葉にならない様子から，言語も社会性もゆっくり発達していることがわかります。声をかけると床や壁に頭をガンガンとぶつける姿は，何でも「いやっ！」の時期を迎える1歳半のころによく見られます。年齢が大きくなると，まわりの注意を引く行為としても見られるようです。C子ちゃんは3歳ですから，少し幼い行動に見えるかもしれません。

未然に防ぐ手だてとしては，保育者が間に入ってC子ちゃんの言いたいことを代弁してあげる支援が必要です。しかし，保育者の声も受け入れられない状況になっているときは，1対1でのかかわりを丁寧に，たとえば別室で満足して遊べるような環境を用意するなど，保育者との関係を築くことからはじめるとよいと思います。一人の先生がC子ちゃんに付いて，クラスはもう一人の先

生にまかせるなど，園全体として取り組む体制が必要になります。

　何でも要求を聞き入れることは，子どもの発達を促すうえで決してよいことではありませんが，人の存在や声を受け入れられるようになるには，満たされ，自分が受け入れられる経験が土台になります。思うようにいかない経験が積み重なり，自傷行為をくり返すようになった子どもが，気持ちに折りあいをつけ，まわりとうまく遊べるようになるには少し時間を要するようです。長期的な展望を視野に入れながら，満足感を経験させたうえで次の目標を設定するとよいでしょう。

②危険防止と気持ちの受けとめ

　癇癪を起こしているときは，外からの刺激は何も受け入れることができない状態にあります。なんとか気持ちを落ちつかせようと一生懸命話しかけてしまいがちですが，その声が刺激となってさらに激しい癇癪・自傷行為に発展してしまうことがあります。

　癇癪・自傷行為を止め，その場所からさっと離れるなど，危険から身を守ってあげることが優先されますが，次の段階としては，後ろからやさしく抱いてあげながら，声のトーンとボリュームを落とし，短い言葉でゆっくりと気持ちを受けとめてあげるとよいでしょう。

　真っ先にルールを言い聞かせるのではなく，癇癪・自傷行為を起こさざるをえない状況を察し，「何をしたかったのか」「どんな気持ちだったのか」を代弁してあげるとよいですね。気持ちが落ちついてきたら，どうするとよかったのかを，わかりやすく短い言葉で教えます。

　そして，再び癇癪を起こす引き金となるものや場所に注意が向かないように，次にやることを提示して，気持ちを切り替えるお手伝いをしながら遊びに誘ってあげるとよいでしょう。

よくない対応の例　「なんでそんなことするの！」と叱ってしまうと，その「なんで」に答えるだけの十分な言葉がまだないわけですから，わかってもらえないという気持ちだけを助長させてしまいます。また，大きい声やたくさんの言葉を一気に浴びせる行為も，強い刺激となってしまうので慎むべきです。

（渡辺千・渡辺徹）

Ⅱ-4　ADHD（暴言・暴力）

ささいなことですぐカッとなり，級友への暴言・暴力が頻繁に見られます。どのように対応すればよいのでしょうか？

> **ケース**
>
> 小学3年生のD男君は，幼稚園のころにADHDと診断されました。授業中の離席，教師や級友に注意されると反抗的態度で大声をあげ，相手を殴るなどの行為が目立ち，興奮もすぐにはおさまりません。人とかかわることは嫌いではないのですが，グループの活動ではルールが守れず，自分の思い通りにならないと怒りを爆発させます。周囲の子どもたちは，D男君を避けるようになっています。

 ①暴言・暴力はまず阻止です。落ちついたら言い分を丁寧に聞きます。
②クールダウンする場所を確保します。
③クラスの大事な役割を任せ，活躍の場を用意します。
④特別ルールを設定して，目標を意識させます。

①緊急回避と受容

　暴言や暴力によって，クラスの子どもたちがひどく傷ついたりケガをしたりする事態は絶対に避けなければなりません。担任一人だけで手に負えない場合，となりのクラスの教師，教務主任，教頭，校長など，手のあいている者がすぐ応援に駆けつけることができるように，校内全体で緊急時の体制を整えましょう。興奮がおさまるのを待って，本人の言い分を丁寧に聞きます。その際，受容的な態度を示しつつ，どのように行動すればよかったかを具体的に話しましょう。また，D男君は薬物療法を受けています。この状況は，医師との連携が不可欠です。連携のしかたはQⅥ-4（p.116）を参考にしてください。

②クールダウンの場所と自己コントロール

　興奮してパニックになっているときは，おさまるのをひたすら待つほかありません。トラブルの相手から離す，教室のコーナーや教卓，場合によっては教室から離して，図書室・相談室・保健室・校長室など，本人がいちばん落ちつきをとり戻しやすい（クールダウンの）場所に連れて行きます。最適の場所は

子どもによって違いますが、あらかじめ確保し、同行する教職員も決めておいてください。自分から行って、落ちついたら自分で教室に戻れるようになるのが理想です。

そもそもＤ男君は、心の内から湧き出るイライラ感や爆発的な怒りの感情を抑制することが苦手です。このような感情を自分で事前にキャッチして、担任にＳＯＳをいち早く出せるように、「自分で『爆発しそう』と思ったら、私のところにすぐ来なさい」と教えておきます。これができるようになると、トラブルはだいぶ少なくなります。

③活躍の場の用意

情緒的な安定を得るためには、クラスの中で自分の居場所があるということが重要です。頻繁にトラブルを起こしても、クラスの大切な一員であるというメッセージをＤ男君に送り続けてください。そして本人がそのことを実感するためにも、係活動や教師の手伝い等、活躍できる場を用意しましょう。与えられた役割を果たしたら、そのことを認め、みんなの前でもほめることです。「Ｄ男君はトラブルも起こすけど、よいところもある」という教師とまわりの子どもたちの評価は、彼がセルフエスティーム（自己肯定観）を確立するための手助けになるはずです。

④「特別ルール」の設定

クラスの学習や生活のルールが、Ｄ男君にはとても守れそうにないことがはっきりしている場合、彼が少し努力すれば守れそうな「特別ルール」を設定します。そのルールのレベルを少しずつ上げて、クラス全体のルールに近づけていくという考え方です。みんなと同じルールはＤ男君にとって今どうしても無理なこと、特別ルールはえこひいきしているのではないことを子どもたちに説明して、理解を求めましょう。

よくない対応の例　暴力を力だけで制圧するのは、根本的な解決になりません。子どもの言い分に耳を貸さない態度も好ましくありません。また「特別ルールを設定するのは、公平・平等などの原則に反するからよくない」と考え、一律にルールを適用しようとする教師がいますが、特別ルールの設定は必要な特別の支援です。特別扱い・えこひいきではありません。

（渡辺徹）

Q　Ⅱ-5　ADHD・広汎性発達障害（自己評価・自己有能感・自己イメージ）

「ぼくなんかいないほうがいいんだ」「ぼくなんか死んじゃったほうがいいんだ」としばしば口にする子どもがいます。どのような配慮が必要でしょうか？

> **ケース**
>
> 　小学2年生のE男君は，衝動的な行動が目立ち，友達とのトラブルが絶えません。自分の主張を通そうとし，自分の思い通りにいかないと暴れたり大声を出したりします。グループ活動にもほとんど参加できません。いわゆる「困った行動」が顕著な子どもなのですが，ふとしたおりに「ぼくなんか死んじゃったほうがいいんだ」とつぶやいているのを耳にしました。

①学習面，行動生活面での成功経験を多く積ませ，自信をもたせます。
②子どもの行動のポジティブな側面を積極的に評価します。
③周囲の子どもたちから認められ，賞賛される場面を多くつくります。
④ほかの教職員と情報を共有します。

①成功経験の蓄積

　いわゆる軽度発達障害の子どもたちは，自己評価，自己有能感が低下しがちです。これには，学習面，行動生活面での失敗経験や，級友たちとのかかわりにおけるトラブルの経験などが大きく影響しています。「ぼくなんかいないほうがいいんだ」「ぼくなんか死んじゃったほうがいいんだ」という言葉は，自己評価や自己有能感の低下，ネガティブな自己イメージをあらわしていると考えられますが，このような状況は早急に改善を図らねばなりません。このような状況が続くと，たとえば，そのような意図はまったくないほかの子どもたちの言動を，自分を非難しているものとネガティブに受けとってしまい，暴言を吐く，暴力をふるうといった行動がエスカレートしてしまいます。このようにして好ましくない行動が二次的に拡大することを避けるために，たとえ小さな事柄であっても，「成功する」「ほめられる」といった場面を数多くつくることが必要です。

②ポジティブな評価

　「注意すべき行動はすぐ目についても，ほめる行動を見いだすのは難しい」という話をよく耳にしますが，そのようなときには教師側の視点を変えてみることも必要です。たとえば，その子どもの半年前の様子，1年前あるいは2年前の様子を思い浮かべてみましょう。また，理想とする行動像ではなく，その子どものふだんの様子を基準としてみましょう。子どもの言動を表面的にとらえずに，その裏にある真の思いをくみ取ってあげることが必要な場合もあるでしょう。

③級友たちからの賞賛

　ＡＤＨＤ，広汎性発達障害の子どもたちは，授業の中で，ほかの子どもたちとは違った感性で，あるいはほかの子どもたちが気づかないような視点からさまざまなユニークな発言をしてくれる場合があります。ほかの子どもたちが知らない知識，すぐれた技能を有している場合もあります。それらをすくい上げて，授業の中でうまく活用するように心がけてください。そのようにして，周囲の子どもたちから（周囲の子どもたちどうしでも），「～ちゃんは，すごいんだよ」「～君はこんなことできるんだよ」という声がたくさん発せられるようなクラスの雰囲気をつくりましょう。

④情報の共有

　たとえば，廊下ですれ違った担任以外の教師から賞賛の声がけがあると，子どもたちにとっては励みとなるものです。「～のときは，すごくがんばったね」と声をかけることで，興奮して暴れていた子どもがスーッと落ちつく場合もあります。毎朝，短い時間でも，ほかの先生方と情報を共有する時間を設ける，それが難しければ，子どもの前日の様子や声がけしてほしいことなどを掲示する場所を職員室の一角に作り，すべての教職員に目を通してもらうようにするなどの方法が考えられます。

> **よくない対応の例**　子どもが示すユニークな発想や表現は，ときに周囲の子どもたちから浮いてしまう要因ともいえます。そのような場合は，担任の姿勢や態度が周囲の子どもたちに反映されているのかもしれないということについて，一度振り返ってみてください。

（野口）

Q **Ⅱ-6 ADHD**（整理・整頓）

机やロッカーの中がグチャグチャで，机の周囲の床にもさまざまなものが散乱しています。こまめに声をかけ，いっしょにかたづけたりもしているのですが，すぐに同じような状態になってしまいます。どうすればよいのでしょうか？

> **ケース**
>
> 小学5年生のF男君は，自分の持ち物をきちんとかたづけることができず，机の中やロッカーの中にさまざまなものが無造作に詰めこまれ，グチャグチャの状態となっています。机の周囲の床にもさまざまなものが散乱し，周囲の子どもたちからもたびたび注意を受けています。ランドセルの中に教科書などをしまうときもグチャグチャな状態で押しこむので，保護者に渡す書類なども行方不明になってしまうようです。ときどき，いっしょにかたづけたりもしているのですが，またすぐに散乱した状態になってしまいます。

①机の脇などに段ボール箱などを置き，その中に入れるようにします。
②使うときに箱から出して，使い終わったらしまうことを定着させます。
③座席の位置を替えることも，場合によっては必要です。
④大切な書類などは，ファイルケースなどに入れて持ち帰らせます。

①かたづける場の確保

座席のすぐ近く，ほかの児童たちの移動を妨げない場所に，授業で使う物がすべて入る大きさの段ボール箱などを置いて，その中にF男君の持ち物を入れるようにします。最初は，ロッカーに入れるべき物（たとえば，ランドセルなど）も十分に入る大きさの箱にし，移動しなくても必要な物の出し入れがすぐにできるようにしておくとよいでしょう。そうして，自分の持ち物はすべて箱の中に入れることを約束します。

②かたづけルール

机の上にも授業では使用しない物がいくつも置かれている状態では，それらに気をとられてしまい，授業に集中できないという状態を招きやすくなります。必要な物を箱から取りだし，使い終わったら箱にしまうということを徹底させ

ます。これができるようになったら，ロッカーの中に段ボール箱をしまうようにし，登校したら箱をロッカーから取りだして自分の机の脇に持ってくる，下校する際には箱をロッカーにしまうといったステップに進みます。その後は，ランドセルだけはロッカーにしまう，教科書だけは机の中にしまうなど，状況に応じてステップを工夫してください。

③座席の変更

　F男君の机の周囲の床に物が散乱し，ほかの子どもたちから不平が出たり，F男君を責めるような発言が頻繁に見られるようであれば，座席の位置を替えてみることが必要になるかもしれません。ほかの子どもたちから頻繁に非難される状況は，さまざまなトラブルを招きかねません。

　F男君の物が少々床に散乱していてもほかの子どもたちの気にならない位置，たとえば教室のいちばん後ろの席などがよいかもしれません。その席がF男君のロッカーのすぐ近くであれば，上述したステップを試みることも容易になるでしょう。

④ファイルケースの活用

　保護者あての書類などは，開閉の容易なプラスチック製のファイルケース（ランドセルに入る大きさのもの）などに入れて持ち帰らせるようにするとよいでしょう。最初のうちは，ファイルケースに担任があらかじめ書類を入れておいて，それをランドセルにしまわせるだけにすることが必要かもしれません。書類を折りたたむなどの手間がかかることや，きれいにしまうのが難しいような状況（方法）は避け，比較的無造作にしまっても，きれいな形のまま持ち帰ることができる状況（方法）を工夫すべきです。

よくない対応の例　最初からほかの子どもたちと同じようにとは考えずに，本人にとって楽にかたづけられる方法を考えてみてください。物が乱雑に置かれていて集中できない，必要なものを探すことに時間を費やしてしまう，ほかの児童たちから非難されるといった状況を回避することを優先すべきです。

（野口）

Q Ⅱ-7 広汎性発達障害（学習・行動支援）

さまざまな支援を工夫して試みてきました。うまい具合にフィットするものがいくつか見つかったのですが，同じようにやっているはずなのにまったく応じてくれないときがあります。どうしたらよいでしょうか？

> **ケース**
>
> 広汎性発達障害の診断を受けている小学3年生のG男君に対して，これまでさまざまな支援の取り組みを行ってきました。なかなかうまくいかないことも多かったのですが，いくつかの支援方法で，グループでの活動に参加してくれたり，苦手とすることにも取り組んでくれたりするようになりました。ただ，ムラが大きく，同じように支援を試みているはずなのに，すんなりと応じてくれるときもあれば，まったく応じてくれないときもあります。

A
①行動様相が変動する要因について，可能性を考えてみましょう。
②G男君の行動の様子および日や時間による変化に関連すると思われる要因に関して，しばらくの期間，毎日記録をつけてみます。
③記録から何らかのパターンが読み取れないか，チェックします。
④見いだされたパターンから背景要因を推測し，それらをとり除くなどの方策を講じます。

①変動要因

常に同じパフォーマンスを発揮できないというのは，ある意味では当たり前のことです。私たちも，体調不良，気温，騒音などによっていつもの力を発揮できないことがあると思います。特に発達障害のある子どもたちは，私たち以上にそのような影響を受けやすいだろうと考えられます。

加えて，広汎性発達障害の子どもたちには，通常の生活パターンからの変化，感覚過敏などによる影響も想定されます。たとえば，運動会や学習発表会の練習が入ってきて，いつもの時間割と大きく異なってしまうことなどによって，不安定になってしまうこともよくあります。また，私たちにはほとんど気にならない，ほかのクラスから発せられる声や音，だれかが電動鉛筆削り機を使う音などが気になってしかたがなかったり，私たちには知覚できない蛍光灯のち

らつきが気になって落ちつかなくなったりなどのこともあります。運動会で用いるスターターピストルの音に恐怖心を抱いて、落ちつかなくなっていたという例もあります。

　すなわち、広汎性発達障害の子どもたちは私たちよりもはるかに敏感に周囲の状況やその変化を感じとっている可能性があります。また、睡眠パターンの乱れも生じやすいといわれています。働きかけにすんなり応じてくれるときとそうでないときとでは、どのような条件が違うのか、振り返ってみましょう。

②日々の行動などの記録
　G男君の行動の様子とG男君の調子・状態に影響を及ぼしている可能性のある事柄の両方が記録できるような用紙を作り、しばらくの期間、毎日記録をつけてみましょう。できるだけ容易に記録できるチェックリスト的な様式を工夫するとよいでしょう。保護者とのこまめな情報交換も必要となります。

③記録の検討
　一定期間、記録をつけたら、記録から何かしらのパターンを読み取ることができないか、検討します。特定の曜日や時間帯、特定の教科もしくはその前後、周囲がざわついているとき、天候、何かの行事、睡眠時間、等々と、G男君の行動様相との間に何らかの関係があるのかどうか、記録を見返してみましょう。

④背景要因の推測
　以上のようにして、何らかのパターンや関係を見いだすことができたら、それにもとづき、G男君の調子・状態に影響を及ぼしている事柄を推測し、それらをとり除いたり、影響を小さくしたりする手だてを講じます。

よくない対応の例　私たちが想像する以上に、さまざまな事柄が大きな影響を及ぼしている可能性を理解しましょう。私たちにとってはささいに思えることが、非常に大きな変化であったり、障壁となったりしうるのです。自分の「感覚」にもとづいて判断するのではなく、状況を詳細に分析しましょう。

（野口）

Q **Ⅱ-8** 場面緘黙（基本対応）

集団の場面では一言も話せない子どもがいます。家ではしっかり声が出ているというのですが……。どのように対応したらいいでしょう？

> ケース
>
> 小学1年生のH子さんは，学校では一言も話せません。入学後ちょっとの間はしゃべっていたのですが，あるとき，ちょっと厳しい男の先生がクラスメートを大声で叱っているのを見てから，まったく話さなくなってしまいました。家では家族と普通に話しているとのことです。最近では，給食をいっしょに食べるのを嫌がるようにもなってきています。

A ①「場面緘黙(かんもく)」である可能性がもっとも高いでしょう。
②支持的な教育・指導が基本です。
③二次的なハンディキャップをできるだけ防止しましょう。
④専門機関での相談を組みこむのも一つの方法です。

①見立て

状態像から考えると，「場面緘黙」である可能性がもっとも高いようです。アメリカ精神医学会が作成したDSM-Ⅳという診断基準では「選択性緘黙」という名称になっています。話す能力はありながら，ある特定の場面（学校・幼稚園・保育所であることが圧倒的に多い）では話せない状態が1か月以上続く，というのが診断の基準になっています。

②見守る姿勢と家庭との情報交換

「なんとしてでもしゃべらせるぞ」という対応は，ほとんどの場合，空まわりに終わります。それどころか，ますます状態を悪化させる危険性もあります。「家族以外の人前では自分を表現することができない」ということを，まずはそのまま受けとめて，受容的・支持的に見守り続ける姿勢が大切だと思います。家庭と学校の情報交換を続けていくことも大切です。

③二次的なハンディキャップの防止

人前で話すことができない，給食をいっしょに食べることを嫌がる，極端な場合は立ちすくんだまま身動きもできない，などのために，学習には大きな差

しさわりが生じます。発問しても答えられない，疑問に思うことがあっても質問できない，クラスメートに確認することもできない，という状態が長く続くわけですから当然ですよね。

交換日記やテープレコーダーの使用などで，そうした二次的ハンディキャップをできるだけ軽くする努力が必要です。最近では，携帯メールがきわめて効果的なツールになっています。クラスの受容的な雰囲気を維持することも学級担任の重要な役割です。

④専門機関の活用

診断は，医師の専売特許です。専門知識をもたない周囲の者が，状態像から安易に「場面緘黙」と思いこみ，別の精神障害を見落とすということは，しばしば起こっています。できれば保護者と本人の同意のもとで，医療機関を利用すると安心です。児童精神科や小児科でこうしたことに詳しい医師は，まだまだ数が少ないのが実態ですが，根気強く探してみてください。児童相談所のような専門機関でもいいでしょう。心に対するプレッシャーが強くなっているときは，遊戯療法などの専門的対処も配慮してくれるはずです。学校での様子をしっかりと伝えていく作業も大切です。もちろん，当事者の了解を得ることは大前提です。

よくない対応の例 指名して答えるまで立たせておく，クラスメートと同じような動きができないことに対して厳しく叱責する，人前で話すことと褒美を結びつけて（取引材料にして）教育・指導をする，家族の養育態度に原因を求めすぎる，などの対応は，家族や子どもを追いつめていくことにつながることがとても多いのです。その結果，強迫症状・パニック障害などが生じてしまったり，不登校状態に至らしめてしまったり，ということになると，ますます対応に苦慮することになります。残念なことに，通常は思春期以降まで持ち越すことは稀といわれているこの状態を，マイナスの対応をすることで長引かせてしまうこともしばしばあるようです。

(関口)

Q Ⅱ-9　場面緘黙（クラスがえ）

場面緘黙の子どもが，進級してクラスがえがあり担任が替わったとたんに，クラスで話しはじめました。今ではおしゃべりがすぎて注意を受けるほどだといいます。私が受けもっていたときに話さなかったのは，私の指導に何か問題があったからでしょうか？

> **ケース**
>
> 　小学5年生のⅠ子さんは，小学校入学後からずっと場面緘黙の状態が続いていました。4年間粘り強く学校全体で対応してきた結果，当初は身動きさえままならなかったのが，4年生のころにはだいぶ表情もなごんできました。5年生になり，クラスがえがあり，偶然ながら周囲はⅠ子さんのことをほとんど知らない子ばかり，しかも担任は新任の若い先生になりました。すると，5年生の初日からクラスでしゃべりだした，ということを聞いて，それまでのⅠ子さんを知っている教職員はびっくりしました。それどころか，いまや上記の状態が続いています。前担任が落ちこむのも無理はありません。

A
①それまでの適切な教育・指導の賜物です。
②自分が人前で話せない，ということを知っている人の前では，話しだせないのです。
③本当は，もっと前に話しだしたかったんでしょうね。

①「待つこと」の大切さ
　すばらしいですね。それまでの教育・指導がとても適切だったことを証明する出来事だと思います。Ⅰ子さんは入学当初は相当重度の場面緘黙だったようですが，4年生のころには状態はだいぶ軽くなっています。教師との間に信頼関係が構築され続けてきたことが功を奏したのだと思います。「学校全体で粘り強く対応してきた」という記述から，学業の遅れなどの二次的ハンディキャップの軽減に向けても，さまざまな工夫がなされてきたのでしょうね。

②**教師冥利に尽きる**
　じっくりかかわり続けていくことで，子どもが脱皮し成長をとげていくことに，いくばくかでも寄与することができるなんて，まさに「教師冥利に尽きる」

といっていいでしょう。ただ，場面緘黙には，「自分が人前で話せない，ということを知っている人の前では，話しだせない」という困った特徴があります。このことはしっかり胸に刻みこんでおかなければなりません。

　ですから，場面緘黙の子が集団の中で話しだすのは，普通は転校・進学・就職・転居の後です。Ｉ子さんはクラスがえ（たまたま知らない子ばかりだった・新任の先生が担任だった，という好条件はあったものの）をきっかけに変身をとげることができた，ということですから，学校全体の取り組み，とりわけ４年生のときの担任の教育・指導がきわめて大きな効果をもたらした，と胸を張ってよいと思います。

③教師としての悲哀

　そういう意味では，人前で話すための準備性（レディネス）は，すでにだいぶ前からできていたのかもしれません。でも，自分が人前で話せない，ということを知っている人の前では，話しだせなかったのです。つまり，適切にかかわればかかわるほど，目の前でしゃべる姿を見ることはできないのです。自らの教育・指導の効果を自分の目と耳で確認することができないなんて，本当に悲しいことだと思います。でも，それが教師としての宿命！　しかたないですね。

> **よくない対応の例**　自分が担任のときには話さなかったことをなじる，などというのはみっともないことですし，それだけでなく大人への不信にもつながりかねない行為ですから，絶対にしてはいけません。また，学校全体の取り組みが功を奏したとなると，いろいろな場で事例報告をしたくなるものです。それ自体は，とても大切なことです。適切でしっかりしたかかわりをほかの学校でも実践してもらうことで，どれだけ多くの場面緘黙児が救われることでしょう。でも，発表することについては，保護者から必ず同意を得てください。これは必須のことです。また，いうまでもないことですが，報告ではプライバシーに十分配慮してください。

(関口)

Ⅱ-10 不登校（基本対応）

Q 家で、「学校（幼稚園・保育所）に行きたくない」と言うようになったそうです。どうしたらいいでしょうか？

ケース

小学6年生のJ子さんは、2、3日前から「学校に行きたくない」と言うようになっていたとのことですが、とうとう今日は登校しませんでした。からだの具合はさほど悪くないようです。理由を聞いても答えない、とのこと。このままズルズルと休むようになると、1か月後の修学旅行への参加もどうなるか心配です。

A ①不登校の初期段階である可能性がきわめて高いでしょう。
②いじめを含めた人間関係上の問題が隠れていないでしょうか？
③「原因の追究」より「対応の模索」が大切です。

①見立て

小学校高学年ともなると、不登校の初期段階で身体症状があまり前面に出てこない例もけっこう多く見られます。子ども自身、「行きたくない理由」がある程度明確にわかっている場合は、とりわけそういうことが起こりがちです。もちろん、独断的なきめつけは禁物ですが、その可能性がもっとも高いものとして、とりあえずの対応をはじめてよいのではないでしょうか。

②いじめが原因？

文面からすると、いじめあるいはそれに類するような陰湿な人間関係が背景にあるような気がしてなりません。単なるさぼりとか怠けとは考えにくいですね。それとなくクラスの様子を再チェックしてみてください。「いじめられている」というみっともなさ（そんなことはないのですが、いじめられている子はそう思ってしまっていることがとても多いのです）を親や身近の人には絶対に知られたくない、というのがいじめられている側の心理の特徴でもあります。あばいてみせるぞ、というような対応は不要ですが、気づいてあげることは大切です。

③過去にこだわるよりも，未来に向けてかかわる

　まずは，「今はいったん学校を利用できなくなり，家で休んでいることが自然な状態になった」ことをそのまま受けとめて，見守っていくことが必要だと思います（放置する，ということではありません）。②でふれたように，J子さんが苦しんでいる要因をできるだけ探ってみることは大事ですが，なにかしらの要因が見つかったからといって，それが原因のすべてとは限りませんし（そもそも，不登校の原因がすっかり完全に理解できる，などという事例はほとんどありません），わかったからといっても，すぐに解決に結びつくわけでもありません。

　修学旅行はたしかに心配ですね。小学校6年間の生活の中でも大きなイベントです。参加できるにこしたことはありません。日常くり返される学級を中心とした学校生活にはなかなか参加できなくても，修学旅行・学芸会・学校祭・運動会などの行事だと参加できるという不登校のお子さんがけっこう多いという臨床的事実もあります。ギリギリまで参加できる可能性を追求してみて，最後は当日の朝の本人の決断にゆだねる，という姿勢が大事だと思います。無理に参加させることでかえって信頼関係をそこねるようになってしまうことは，本末転倒もはなはだしい，ということになりますからね。

　いずれにしても，この子の不登校ははじまったばかりです。もしかしたら長丁場になるかも，と覚悟してじっくり支えてあげてください。

よくない対応の例
　強い登校刺激を与える，早期再登校を保護者に命じる，などが論外であることはいうまでもありません。登校にこだわることは，「学校を休んだJ子はダメだ」というメッセージになるのです。原因を根ほり葉ほり聞きだそうというかかわりも，かえって子どもを追いつめてしまうことになりかねません。だいたい，子ども自身も「どうして学校に行けないのか」がわからないことが圧倒的に多いのです。J子さんのように「いじめ」が背後にありそうな場合でも，前述した「ギリギリの矜持」（身近の人にこそ知られたくない）のために，話すことができないのです。まずは，「突然，学校に行けなくなった」ということのJ子さんの不安を受けとめることからはじめるとよいでしょう。

(関口)

Q **Ⅱ-11 不登校（身体症状）**

頭痛・腹痛などの身体症状を強く訴える子どもがいます。どう考えて，どう対処したらいいでしょうか？

↓ケース

> 小学2年生のK男君は最近4，5日ほど，朝に腹痛を訴えて，学校への行き渋りが見られるようになったとのことです。母親が心配して，学校に連絡してきました。今のところはなんとか登校していますが，やはり以前の元気さは見られません。登校後もときおり保健室に行って同様の症状を養護教諭に伝えているようです。

A ①身体症状ですから，身体の不調の可能性は常にあります。
②「うつ」の可能性もあります。
③そして，もちろん「不登校」の可能性がもっとも高いと思われます。

①身体疾患の可能性あり
腹痛という身体症状があるわけですから，消化器潰瘍・胃炎などの身体疾患である可能性があります。見すごすことで大事に至ることもありえます。4，5日続いているということですから，そろそろ小児科ないし内科の受診を考慮してもよい時期でしょう。お母様も心配しているとのこと，ぜひ医療機関の利用をおすすめしてみてください。

②子どもに広がる「うつ」
子どもにも「うつ」症状が出てくることがあります。というより，相当多数の子どもの「うつ」が見逃されているのではないか，ともいわれています。子どもの「うつ」は大人の場合のような気分としての落ちこみ（抑うつ気分）が前面に出ず，意欲の低下（やる気のなさ）とかさまざまな身体症状が前面に出てくることが多いのです。K男君の場合も可能性の一つとして頭の片隅に入れて様子を見てください。

③不登校とは？
学校に行きたい・行かなければと思いながら，どうしても行けなくなる，ということが子どもに起こることがあります。

半世紀以上前に報告されて以来，この問題についてさまざまな調査・研究・実践が積み重ねられてきています。原因について100％完全に把握されているわけではありません。しかし，精神病レベル，思春期青年期特有の問題，病的とみるまでもないレベル，など多岐にわたっているということだけははっきりしています。「不登校は○○が原因だ」ということはできない，ということです。そして，特に不登校の初期の段階で，さまざまな身体症状がとりわけ登校時刻のころをピークにして生じがちだということも，多くの症例に対する長年のかかわりの蓄積の中で，重要な特徴として取りだされてきています。

　K男君の場合は，朝方腹痛が強く，行き渋りを訴えるという状態が4，5日続いている，ということから，「不登校」の可能性がもっとも高いと思われます。朝方はとても具合が悪いため，遅刻したり欠席したり（または無理に登校させられたり，必死の思いでなんとか自力で学校に行ったり）することになりますが，昼→夕方→夜と1日の終わりに向かってだんだん体調がよくなっていくことが多いため，明日は元気に学校に行こう・行けるといいな，と思って寝つくことが多いのです。そして翌朝起きると，また具合が悪いのです。つらいですね。そういうしんどさをかかえているK男君をしっかり受けとめてあげてほしいと思います。

よくない対応の例　身体症状を無視する，「仮病ではないか」となじる，「逃げている」として保健室に行くことを禁止する，保護者の育て方や日々の接し方に原因を求めすぎる，などの対応は，悪化を助長しさえすれ，よい方向に導くことにはまずつながりません。不登校の子どもに対して，相手の心をまったく無視して強制的な登校刺激を強圧的に与え続けることが，どれほど追いつめることになるのかは，これまでの経験の蓄積の中で，もうはっきりしていることです。「学校に来ることはよいことで，学校に来ないことはダメなこと」「教室で授業を受けることは善で，保健室に行くのは悪」という二分法だけは避けましょう。

（関口）

Ⅱ-12 統合失調症（見立て・鑑別）

Q 子どもが「幻のものがときどき見える」と訴えます。統合失調症の可能性もあるのでしょうか？ どうしたらいいですか？

ケース

小学6年生のL男君は，このところ落ちつきがありません。表情もどこかしら不安げです。落ちついて話せる時間・場所を選んで「どうしたの？」と聞いてみたところ「ときどき，見えないはずのものが見える。今も先生の後ろに，死んだおばあちゃんが立っているのが見える」とのこと。まだだれにも話していないということです。どのような対応をとったらいいでしょうか？

A ①いろいろな可能性があります。
②「まずは聴くことから」からはじめたのは，とてもよいですね。
③家族・養護教諭・校医・医療機関との連携が必要でしょう。

①見立て

たしかに統合失調症の可能性もないことはありませんが，統合失調症にしては少しおかしなところがあります。まず，統合失調症で生じる幻覚症状は圧倒的に幻聴が多く，幻視（幻のものが見える）はきわめて少ないといわれています（幻覚そのものが生じない，ないしは目立たないということもけっこうあります）。幻視は，むしろ薬物の影響とか，全身疾患で全身状態が悪く意識レベルが下がっているときに，多く見られるのです。また，解離性障害の可能性もあります。

「まだだれにも話していない」とのことですが，家族は気づいていないのでしょうか？ ある場では顕著に症状が出るけど，別の場ではほとんど出ない（または隠しておける程度に軽い），ということは統合失調症の場合は考えにくいことですね。注意を引きたい気持ちから，ということも十分に考えられることです。また，想像力・空想力のきわめて豊かな子には現実と虚構の世界が一時的に区別がつかなくなる，というようなこともあります。とにかく，いろいろな可能性が考えられます。

② 「聴く」こと
　ともかく，話をじっくり聴くことからはじめたのは，とてもよいことでしたね。場所や時間帯の配慮をして，1対1でじっくりと落ちついて，しかもほかの人に聞かれるおそれのない設定をしたのは，すばらしい対応だと思います。多忙な中で，そのような時間を確保するのはたいへんなことだと思いますが，職員室で大勢がいる中で話せることではありません。可能な限り，そうした配慮を今後も続けていってください。

③ しっかり様子を見守ろう！
　幻視と思われる症状が出ているのは確かですから，何でもないだろうという独断で放置してしまうのは，もっともよくありません。とにかくじっくりと様子を見守ってください。短期間で自然に消えていき，不安感や元気のなさも見られなくなれば，ひとまずは安心です。一時的な全身状態の不調，ないし一過性の心理的問題のゆえだったと考えてよいのでしょう。もちろん，そうだとしても，再度同様の症状が出現することはありえますが。

　こうしたことを担任の先生一人で判断していくのは，とても難しいことだと思います。学校内の専門家である養護教諭，医療の専門家である校医（残念ながら，精神科領域に詳しい校医さんはあまり数が多くありませんが），心理の専門家であるスクールカウンセラー（これも残念ながら，小学校にはまだまだ普及していないのですが）ともしっかり連携していってください。

　もちろん，保護者と情報交換をしていくことは，最優先に取り組まなければならないことです。「学校でこんなことを話したのですが，家ではどうですか？」「何か変わったことがあったら教えてください」というような連絡を早急に入れる必要がありますね。症状が続くようなら，精神科，神経科，メンタルクリニックなどの受診をすすめましょう。

(関口)

よくない対応の例　「何でもないだろう」と教師ひとりの判断で放置

（吹き出し）何でもないだろう。でも… まあいいか。今までどおりにしよう

Q **Ⅱ-13 インスリン依存型糖尿病**（食事・ぼんやり）

朝から机に伏して寝ている子どもがいます。保護者に聞いても明確な回答がありません。どのように対応すればよいでしょうか？

> **ケース**
>
> M男君は，朝から机に伏して寝ていることが頻繁に見られます。月曜日には，ほかの子どもたちも日曜日の外出などで疲れていたり，落ちつかなかったりすることはありますが，M男君はいつもこうなのです。保護者に聞いても明確な回答がありません。

A ①いつごろからそのような傾向があるのか，振り返ってみましょう。
②朝だけではなく，1日の流れや勉強の内容との関係を把握してください。
③家庭での生活サイクルや給食との関係を検討・把握してください。
④本人に，疲れている様子や食事のことをさりげなく聞いてみましょう。

①「いつごろから気になるようになったのか」を再度確認

机に伏して朝から寝ている様子が気になりはじめたのは，いつごろからか振り返ってみましょう。これはどのケースでも大事なことですが，入学の時期，5月，1学期という具合に，具体的な行事やその時期のクラスの様子，家庭とのやりとりの経過を思いだしながら，「気になりはじめた時期の欠席や家庭からの連絡などの中身の再検討」をします。

②1日の様子を観察

朝の様子は，たとえば朝の会のようにいつも同じ場面で同じ活動をすることが多いので，把握しやすく目につきやすいものです。疲労しているような様子が，朝だけなのか，午前中いっぱいなのか，午後まで1日続くのかなどをよく観察してください。午前中だけということであれば，夜ふかしの習慣がかなり強くなり，朝に無理やり起こされて登校させられていることが懸念されます。

③家庭での生活サイクルや給食（食事）との関係

保護者に聞く内容を絞りこむ必要があります。夜ふかしなどではないと考えられるなら，食事の様子などに限定して聞いてみる必要があります。また，給

食後の午後には回復するようであれば,「朝食を抜いたための低血糖症状ではないか」といった推測も成り立ちますので,その様子を観察してください。保護者は,自分の家事や子育てへの批判を受け入れることに大きな抵抗感をもつものです。「食事を抜いている」といった断定ではなく,あくまでも観察結果を伝え,「起きている事実」を保護者に伝えます。

④本人には,さりげなく疲れている様子や食事のことを聞く

小さなころから朝食をとらない,あるいは軽く済ませる生活習慣が続いていても,活動が活発になったり成長期にさしかかったり,また間食が認められない学校生活の中で,それまでにない影響が出てくることも考えられます。子どもに,疲労の様子や,家での食事の様子などをさりげなく聞いてみる必要があります。お腹がすいていることが常態化していると,それ自体を当然のことと思いこんでいるかもしれません。しかし,身体的には低血糖状態があらわれ,疲労と眠気が出ている可能性が否定できません。

よくない対応の例
様子を観察することなく,また背景にある問題を考えることもなく,無理に活動を強制すること,精神力の不足であるかのような指導は禁物です。通常,学校の教師は,自分の学校やクラスに病気やそこまで至らないまでも身体の不調をかかえた子どもがいることを「考えようとしない」傾向があります。ところがこれは大きな誤りです。病気になっていく子どももいるでしょうし,どうせ理解してもらえないと思って保護者が伝えてきていないということもあります。

しかし,教育現場には学校保健の役割があります。これは養護教諭や保健主事だけの役割・活動では対応できないものです。各教師には,子どもの実態把握の意識と観察眼が求められます。

(村上)

Q Ⅱ-14 てんかん（意識レベル低下・物をなくす）

物を頻繁になくす，あるいはまた，言ったことを「おぼえていない」，まるでうそつきのような子どもがいます。何が原因で，どう対応すればよいでしょうか？

> **ケース**
>
> N男君は，たびたび自分のものをなくしたり，置いた場所を忘れたりしてしまいます。また自分がしたことについて，「おぼえていない」などと言って，あたかもうそをついているようにさえも思います。

A
①いつごろから気になるようになったのか，振り返りましょう。
②忘れる状況やおぼえていない場面について，その前後も含め観察しましょう。
③家庭での様子を聞くとともに，事実を伝えてみましょう。
④情報の欠落がある場合には，その部分を補償する手だてを考えましょう。

①「いつごろから気になるようになったのか」を再度確認

　忘れ物や「おぼえていない」様子，「うそ」つきであるかのような印象をほかの子どもたちがもちはじめたのはいつごろからか，振り返ってみましょう。入学の時期，5月，1学期という具合に，具体的な行事やその時期のクラスの様子，家庭とのやりとりの経過を思いだしながら，「気になりはじめた時期の欠席や家庭からの連絡などの中身の再検討」をします。

②忘れる状況やおぼえていない場面について，その内容も含め細かく観察

　忘れ物や「うそ」つきのような状況それ自体は，本人も困りますし，周囲との対人関係上，目につきやすいものです。しかし，場面それ自体だけではなく，前後の様子を把握する必要があります。前後で行動や表情にいつもと違う点がなかったかどうかは，障害や病気を考えるうえで重要な情報です。「うそ」に関しては，本人にとって有利なものかどうかも考えなければなりません。「うそ」を意図的についているのか，おぼえていない結果として「うそ」になっているのかでは，その要因も対応もまったく違います。

③家庭での様子を聞くとともに，観察される事実を伝える

　どのケースでも共通していえることですが，保護者に聞く内容・話す内容を絞りこむ必要があります。家庭でも頻繁に「おぼえていない」ときがあるならば，「意識レベルの低下による情報の欠落があるかもしれない」といった推測が成り立ちます。保護者には，「起きている事実」を伝えることが求められます。保護者は教師の安易な「診断らしき意見」を受け入れないものです。ですから，「てんかんかもしれない」といった断定ではなく，あくまでも観察結果を伝えましょう。"受診は保護者の役割，診断は医師の役割"です。

④情報の欠落がある場合には，その部分を補償する手だてを考える

　忘れ物や「うそ」をついているように思われる場合には，それを指摘するのではなく，困っていることや「おぼえていない」内容について，本人にさりげなく聞いてみましょう。声がけをしてみてください。その際に，前後の行動文脈から外れた内容を本人が言うかどうかを把握しましょう。本人が困惑していても，その事実を伝えるすべをもっていない場合があります。またその際に，頭痛などの体調不良や気持ちの戸惑いなどがないかどうか，さりげなく聞いてみましょう。そのうえで，一定のパターンやそれが起きやすい時間や状況があれば，その場面をよく見て情報が欠けている部分を補い，本人の混乱や戸惑いをやさしく受けとめてください。

> **よくない対応の例**
> 　忘れ物や「うそつき」の指摘をしても，意識レベル低下による「情報の欠落」の問題を解消できません。子どもは自信を失うだけでなく，人としての心も傷つけられることになります。心理的・行動的状況も脳を含めた身体的要因により発生することを，教育の現場でも深く認識するべき時代になってきています。

（村上）

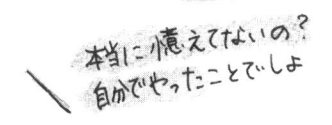

Ⅱ-15 先天性股関節脱臼（運動・成長）

Q 保育園で，同年齢・月齢の子どもたちは立って歩くのですが，立位を嫌がり，すぐにハイハイをしようとします。何が原因で，対応はどうすればよいでしょうか？

ケース

O男くんは，保育園に在園しています。同じくらいの年齢・月齢の子どもたちは立って歩きます。しかし，O男くんは立つことも歩くこともなんとかできるのですが，けっして自分からはしません。また，やらせようとすると嫌がり，すぐにハイハイをしようとします。よく見ると，お尻の丸みの形がいびつなように思えます。

A
①立ち上がって歩きだす年齢・月齢には個人差があります。
②立つこと・歩くこと自体を嫌がっている場合には，様子を観察しましょう。
③姿勢や四肢の位置，身体のバランスを見て，家族と話しましょう。
④立ちたい，移動したい，動きたいと思う環境をつくりましょう。

①立ち上がって歩きだす年齢・月齢には個人差

発達には個人差があります。運動発達も同様で，一般には12か月くらいで歩きはじめますが，2，3か月遅くなる子どももいます。立ち上がる・歩きだすときに，何かのはずみで転んでしまうと，怖がってなかなか立とうとしない子どももいます。したがって，発達の幅や経験を考慮してO男くんをよく観察してください。

②立つこと・歩くこと自体を嫌がっている場合には，様子をよく観察

立ち上がりや歩きだしが明らかに遅く，嫌がっている場合には，身体活動とともに心理的な発達の様子も見てください。子どもの成長・発達は，身体の動きと言葉の理解にあらわれます。心理発達にこれといってほかの子どもと違いがない場合には，移動の様子を見ましょう。歩くことを獲得すると，ハイハイなどはよほど急ぐとき以外には使わず，視界が開けるので立って歩くことを好みます。

44　2章　ケースと支援編

③四肢・姿勢のバランスを見て，保護者とよく話しあう

　運動の障害が推測されますが，障害があることを伝えたとしても，家族がそのまま受けとめることは難しいです。特に，動き方に明らかな違いがある場合は別ですが，ほかの子どもと比べて歩きたがらないといっても，「家では歩いている」という答えが多いようです。

　そこで，姿勢や四肢（特に下肢）のバランス，さらに質問にあったようにお尻の丸みの形のいびつさなどの事実を保護者に伝え，医療機関の受診を促してみましょう。

④立ちたい，移動したい，動きたいと思う環境づくり

　運動の障害だけでなく，子どもはたとえ障害があっても，普通の環境に近い状況を設定しましょう。そのままで動くことが難しくても，治療やリハビリ，ときには装具や介助具を活用することで，動くことが可能となる場合がほとんどです。

　動くことでまわりの様子を知ることが，次の動きたい気持ちを後押しします。その気持ちが治療・リハビリ，装具や介助具の活用を促し，結果的には子どものQOL（生活の質）を大きく高めます。動けないことを改善することも大切ですが，動くことが不自由でも，人として充実した生活を送ってもらうことは，もっと大切です。

よくない対応の例

　無理に動かしたり，足をつかせたりすることは禁物です。すでに述べたように，子どもはより成長段階の高い動きができれば，ほとんどの場合そのように動きます。ハイハイよりも歩くほうを絶対に好みます。それを拒否する場合には，明らかに身体的な問題があると考えるべきです。痛いのかな，苦しいのかな，と普通の感性で接することがまず求められます。

　なぜ歩くことなくハイハイをしようとするのかな？　といった疑問をもち，身体的な兆候や様子を観察してみることでしょう。

　現在，医療技術は格段に進歩し，つい10年前には治療が難しかった病気や障害も改善の可能性があります。ちょっと前の常識に縛られず，専門家の診断やアドバイスを受け入れましょう。

(村上)

Q　II-16　筋ジストロフィー（運動・成長）

動作がゆっくりで、よく転ぶ子どもがいます。走る様子を見ると、身体が左右にゆれます。どのように対応すればよいのでしょうか？

> **ケース**
>
> 小学低学年のP男君は、動作がゆっくりで、よく転びます。走る様子を見ると、身体が左右にゆれます。運動する習慣が足りなかったように思い、外に誘うと喜んで出てくるのですが、動きの様子は改善されることはありません。

A
①いつごろから気になるようになったのか、振り返りましょう。
②いろいろな活動の際に、苦手な動きをよく観察してみましょう。
③家庭での様子を聞くとともに、動きの困難さの様子を伝えましょう。
④動きやすい環境、活動に積極的になれる環境をつくりましょう。

①「いつごろから気になるようになったのか」を再度確認

動作がまわりの子どもに比較してゆっくりであったり、転びやすい傾向が気になりだしたりしたのはいつごろからか、さらに、その傾向は強まっているかどうかを振り返ってみましょう。できれば就学時健診など入学以前、入学の時期、1学期といった具合に、具体的な行事やそのおりの動作の様子などを思いだしてみてください。ここでもっとも大切なことは、「気になる動作が強まる傾向にあるかどうかについての把握と吟味」をすることです。

②いろいろな活動の際に、苦手な動きを詳しく観察

動作の難しさは、転びやすさや身体のゆれなど、比較的大きな動きが目につくものです。しかしよく見ると、細かな動き、特に身体の中央付近よりも手足の指の滑らかな使い方がうまくいっていないことがありますのでよく観察してください。苦手な動きや気になる動作が生じる理由が、細かな動きの難しさの中に隠されていることがあります。それを把握しましょう。

③家庭での様子を聞くとともに、動きの不自然な様子を伝える

保護者に聞く内容・話す内容を絞りこむ必要があります。家庭でも気になる動作が多くなってきていると感じているならば、「進行性の動作の障害の可能

性がある」といった推測が成り立ちます。保護者に「起きている事実」を伝えることが求められます。教師は病気の診断をする立場にありませんし，保護者も安易な「診断らしき意見」は受け入れません。ですからあくまでも観察結果を伝えましょう。"受診は保護者の役割，診断は医師の役割"です。

④動きやすい環境，積極的に活動できる環境づくり

　動作がゆっくりしかできないことや，何度も転ぶことが続くと，だんだんと動こうとする気持ちが失われてゆきます。進行性の運動障害であろうとも，動きが保障され可能な範囲で活発に動いているほうが，その後の身体状態・心理状態が良好に保たれることが多いです。また，動きそのものが将来難しくなることを想定し，コミュニケーション手段などを確保することを目的にした取り組みが，早めに必要です。医療機関との密接な連携や保護者からの要望をふまえた取り組みが強く求められます。

よくない対応の例

　運動・動作の困難を経験不足のせいにする傾向があります。しかし，動きの緩慢さや転びやすさなどは，単なる経験不足の範囲をこえています。

　したがって，早い動きや走る訓練をしても無駄であるばかりか，そのような動きをおこなうことで，身体のさまざまな部分に負担がかかります。子どもは本来，早く動くことや走ることが大好きです。それが難しい理由を考慮しない単純な訓練は，逆にケガのもととなり，ひいては動けない状態をもたらし，逆にその機能がどんどん低下する原因をつくってしまいかねません。

（村上）

Q **Ⅱ-17 気管支喘息**（落ちつきのなさ・身体的困難）

アトピー体質とされる子どもで，ときどき落ちつきのない日があります。想定される落ちつきのなさの原因と，対応はどう考えればよいでしょうか？

> **ケース**
>
> Q男君は，授業中落ちつきがなく集中できない日があります。ＡＤＨＤのように見えますが，落ちついている日もあり，毎日不安定というわけでもありません。家庭からアトピー体質と連絡を受けています。皮膚症状はあまりないようですが，よく見ると呼吸のたびに肩が軽く上がっています。

A ①落ちつきのない日や状況を把握してみましょう。
②家庭と連絡をとり，身体的状況と家庭での配慮について把握しましょう。
③落ちつきのない際に，子どもにその様子を聞いてみることも大切です。

①落ちつきのない日や状況を把握

　最近は，ＡＤＨＤの子どもたちが話題に上ることが多く，その特徴もよく知られるようになりました。しかし，さまざまな病気の症状や本人がそれに気をとられている場合にも，落ちつきのなさなどの状態があらわれることがあります。病気の症状（たとえば喘息発作）による困難も，軽度の場合には，家庭でも気づかれることがけっして多くありません。落ちつきのなさなどは，ＡＤＨＤの特徴でもありますが，身体的な困難に限定して考えてみることも必要です。その際，大切なことは，いつ，どのような場面で調子がよくないのか，そのときの状態はどうなのかが，観察され記録されていることでしょう。

②家庭と連絡をとり，身体的状況と家庭での配慮について理解

　アトピー体質は，具体的にはさまざまな身体症状を示すことになります。アトピー性皮膚炎は代表的ですが，そのほかにも喘息症状や食物アレルギーなどがあります。観察から，落ちつきがない日に肩が上がっている状態を把握したならば，その事実を家庭に伝えることが必要です。保護者が必ずしも「喘息」などの病名を学校に伝えているとは限りません。もしも「肩」が呼吸の苦しさのあらわれであれば，生活上は落ちつきがなく勉強に集中できないことは当然

です。
　何度も述べたように，教師は診断をする立場ではありません。しかし，学校保健の観点から子どもの身体状況を把握し，保護者に伝える役割を担う必要があります。情報のやりとりをふまえて，保護者と連携したより深い子どもの理解に進むことが可能です。

③落ちつきのない際に，子どもに直接その様子を聞く

　落ちつきのなさを指摘するのではなく，子ども本人に落ちつきがなくなる際の「感じ」を聞いてみることも大切です。本人も，何らかの身体的兆候（鼻が詰まった感じ，ちょっと嫌な感じ，ボーっとするなど）に気づいている場合があります。しかし，はっきりした呼吸の際の苦しさや呼吸音を示すわけもないので，喘息の発作とは認識していない場合や，それさえも感じていない場合もあります。しかし，落ちつきのない場合には，「いつもと違う」ことは感じとっていることが多いものです。その「感じ」と落ちつきのなさについて教師と子どもがともに考えることで，無用な不安定感やイライラを感じることなく，適切な医療的なケアを受けることができるようになることも期待されます。

よくない対応の例　喘息発作などの軽微な症状の際に示す，落ちつきのなさやイライラした様子だけを見て，不安定な状態を指摘し抑制するように指示すること，逆に，それが喘息発作の初期の軽微な症状であることに気づかないことを指摘し注意することは禁物です。身体的な疾患は適切な医療的なケアが必要です。ここでの落ちつきのなさはそのケアを求める最初の弱い信号です。ですから，抑制することや気づかないことを指摘することは，気づかないことを罰することになり，結果として症状を隠す方向に子どもを向かわせることになり，逆効果です。

（村上）

行動　49

Q **Ⅱ-18** 先天性心疾患（食事・ぼんやり）

保育所での様子です。ミルクの飲みが悪く，いつも顔色が悪いです。保護者に聞いても明確な回答がありません。どのように対応すればよいでしょうか？

> **ケース**
>
> R男くんは，保育所に在園しています。同じ月齢のほかの子どもたちと比べると，食が細く，ミルクの飲みもよくありません。いつも顔色が悪く，ぼんやりとして元気がありません。何かの病気ではないかと保護者に聞いても，明確な回答がありません。

A ①いつごろからそのような傾向があるのか，振り返ってみましょう。
②1日の様子を観察してみましょう。
③家庭での様子を聞くとともに，事実を伝えてみましょう。
④過度に制限しない環境，自分で決めることのできる環境を整えましょう。

①いつごろからそのような傾向があるのかを振り返る

食の細さやミルクの飲みがよくない印象，顔色が悪くぼんやりしていて，元気がない様子が気になりはじめたのは，いつごろからか振り返ってみましょう。入園の時期，5月，春ごろという具合に具体的な行事，家庭とのやりとりの経過を思いだしながら，「気になりはじめた時期のお休みや家庭からの連絡帳などの中身の再検討」をしましょう。

②1日の生活サイクルの中での様子を観察

ミルクの飲み具合や食事のときの様子は，毎日同じ場面で同じような活動や中身であり，しかもほかの子どもと比べることが容易で目につきやすいものです。この元気のなさや顔色の悪さがずっと1日中続いているのか，それとも時間や状況とともに変化するかをよく観察してください。また顔色の悪さとともに，唇の色，目のうつろさ，息切れ，全身の血色や身体的特徴も観察しましょう。

③家庭での様子を聞くとともに，事実を伝える

　保護者に聞く内容・話す内容を絞りこむ必要があります。家庭でも食の細さや元気のなさ，顔色の悪さが気になっている場合には，医療機関の受診を促すことも必要です。「心臓の病気」なども推測されますが，保育・教育機関の役割は診断ではありません。ですから，保護者には「起きている事実」を伝えることが求められます。

　その夫婦や家族にとってはじめての子どもの場合には，比較の対象がいないので，保護者は，保育者や教師の「診断らしき意見」を受け入れません。他のケースでも繰り返し述べていることですが，"受診は保護者の役割，診断は医師の役割"です。

④過度に制限しない環境，自分で決めることのできる環境を整える

　病気，特にここで想定されている心臓の疾患となると，保育・教育機関では「子どもの安全」を強調し，過度に制限する傾向があります。それをちょっとでもこえてしまうと，「病気が悪くなるよ」といった形で注意を与えます。しかし過度の制限は，子どもを萎縮させ，さまざまな生活の経験を失わせ，大人になるための大切なエネルギーを蓄積できません。

　できること，たいへんだと思うこと，難しくてできないことを自分で決めることのできる環境を整える必要があります。ときには選択を誤り動きすぎて，ちょっと苦しくなって後戻りしても，許されるような保育・教育的環境が必要でしょう。

よくない対応の例
　大切に育てることと，過保護に育てることは違います。過保護とは，大人の都合で「活動の範囲を狭めること」です。外に出てはいけない，走ってはいけない，高いところに登ってはいけない，といった具合です。大切に育てるには手をかける必要があります。外に出るときの服装や活動の範囲を子どもと話しあって調整する必要があります。走ることや登ることで息苦しくなるならば，そうならない状況や，走ることや登ることに代わるそのほかの活動を考える必要があります。　　　（村上）

Ⅱ-19 視覚障害・聴覚障害の疑い（姿勢・身体的困難）

Q 保育所で抱っこされたり視線を合わせようとすると斜めを向いたり、首を強く傾ける子どもがいますが、何が原因で、どのように対応すればよいのでしょうか？

> **ケース**
> S男くんは、視線が合いにくい子どもです。合わせようとすると、斜め方向や横を向きます。T子ちゃんは、抱っこすると首を傾けます。二人とも、生活の様子から、「自閉症」と考えることはできません。

A
①発達障害が話題になりやすいですが、視覚・聴覚などの障害も考えましょう。
②物の見方や視線の様子を含めて保護者と話しあいましょう。
③聞こえの様子や音への反応などを含めて保護者と話しあいましょう。
④安心して遊べる周囲の様子、楽しく勉強できる素材などを聞きましょう。

①発達障害が話題になりやすいが、視覚・聴覚などの障害も考える

最近は発達障害の子どもたちが話題に上ることが多く、その特徴もよく知られるようになりました。しかし、視覚・聴覚の軽度の感覚障害や、さまざまな病気の症状としての見えや聞こえの困難も軽度の場合には、家庭でも気づかれることがけっして多くありません。視線が合わない状況などは、発達障害の特徴でもありますが、発達障害と合併する身体的な困難や、身体的な困難に限定して考えてみることも必要です。

②物の見方や視線の様子、目の動きや黒目の位置なども観察

S男くんのようなケースでは、見ようとする物の形や色、人の顔など対象物との位置関係、目の動きや眼球の様子を観察しましょう。見えやすい位置や方向に視線を向ける様子が、顔をそむけているように思われることがあります。また、よく物をなくしたり、見ればわかるのに物が「ない」とあわてたり、トラブルになることはないか、把握しましょう。これも見えの問題が関与していることがあります。視覚障害が軽度の場合、家庭でも気づかず、気になる行動

も「癖」と考えることもあります。したがって「見えの異常」を伝えても，医療的な対応に進まないようです。「見えやすい位置を探しているようです」といった具合に，事実をわかりやすく伝え，話しあうほうがよいようです。

③音や言葉の聞きとり方や，身体の向きを観察

　Ｔ子ちゃんのようなケースでは，楽器音や言葉を聞きとる様子や，人の顔など対象物との位置関係，身体を向ける様子を観察しましょう。聞きとりやすい位置を求めている様子が，顔をそむけ身体をそらしたりするように思われます。また，言われたことを忘れたり，指示が伝わらなかったりすることはないか把握しましょう。これも聞こえの問題が関与していることがあります。聴覚障害が軽度，あるいは片方の聴力損失の場合には，家庭でも気づかず，気になる行動も「癖」と考えてしまうこともあります。したがって「聞こえの異常」を伝えても，医療的な対応に進まないようです。「聞こえやすい位置を探しているようです」といった具合に，事実をわかりやすく伝え，話しあうほうがよいようです。

④子どもの言うことや観察内容を重視した環境の設定

　視覚障害の場合，遊具の散らばり具合，よく使うおもちゃや好きな本などについて，本人に聞いたり観察したりして，対象の大きさや，コントラスト，表面のキメなどが，見えにとって意味をもつことがわかることもあります。

　聴覚障害の場合，友達といっしょの遊び場面，音楽が流れる状況などでの様子や困難について，本人に聞いたり観察したりして，声がけの方向や身体の向き，部屋の中の子どもの位置などが，聞こえにかかわることがわかることもあります。

> **よくない対応の例**
>
> 　視線が合わないと，無理に視線を合わせようとする人がいます。これは，視覚障害でも自閉症でも誤った取り組みです。はっきり聞こうとして身体をそらしていることが理解できず，無理に正面に座らせる人がいます。これも誤りです。普通なら，訓練などしなくても視線は合うでしょうし，聞こうとする様子に違和感などないものです。
>
> 　視線が合わないことや身体をよじったりそらしたりするのには，それなりの理由があります。理由や背景の問題を無視して，起きている事柄だけを矯正しようとしても，無駄ですし，むしろ子どもと保護者や保育者との間の信頼がそこなわれるだけです。　　　（村上）

学　習

Q **Ⅲ-1　LD（読字困難）**
文字を読むことが極端に苦手で，特に漢字の読みは何回教えてもすぐ忘れてしまう子どもがいます。どのように指導したらよいでしょうか？

ケース

　小学4年生のA男君はLDです。まわりの子どもたちと同じスピードでは教科書が読めません。単語を適当にほかの単語に変えたり，文章の区切りがわからなくなったり，また行をとばして読んだりすることもしばしばです。漢字に振り仮名をつけていますが，すぐ忘れるようであまり役に立っていません。最近は順番で教科書を読むことも拒否するようになりました。

A 　①文節・句のまとまりを意識させます。
　②振り仮名，拡大漢字，図や絵などの手がかりを与えます。
　③範囲を決めて事前学習をさせます。

①文節・句のまとまりの意識

　A男君は平仮名の逐次読みもときおり見られ，読むことが苦手な状況は，そばで見ても痛々しいほどです。教師のほうで縦線や横線，あるいは囲み線で区切ってやり，文節・句のまとまりを意識させて読む練習をします。ある程度慣れたら，A男君自身に区切りをやらせてみてもよいでしょう。本人が嫌がらなければ，読む分担の箇所を大きく，また文節ごとに少しスペースをあけて別の用紙に書いたものを読ませるのもいいかもしれません。行をとばして読んでしまうのを防ぐには，指で文字を追いながら読むことを許容したり，1行だけ見えるように厚紙で作ったページカバーなどを利用したりするとよいでしょう。教師の範読や追読も，子どもの状態にあわせて活用すべきです。
　そもそも，うまく読めないのは，文字を音に変える聴覚的な認知や，漢字のような偏とつくりのような複雑な形をとらえる視覚的な認知が苦手なことが影響していると推測されています。このことを克服・改善するのは，そう容易な

ことではありません。文章を読むことに相当な負担があり，本人も強いストレスを感じていると判断した場合は，学習活動の中の読みの量全体を，ほかの子どもたちよりも思いきって減らすことを考えてもいいのではないでしょうか。

②おぼえやすい手がかり

漢字には音と訓があり，その文字自体に意味があるので，読むことが苦手な子どもは相当なハンディを背負います。まったく読めないのか，ほかの漢字と読み間違いをするのか，よく実態を分析しましょう。前者の場合は振り仮名だけでなく，簡単なイラストや写真をそばに添えておくことで，子どもが想起しやすくなる場合があります。どんなイラストや写真が該当する漢字と対応できるか，A男君と話しあいしながら確認していきます。慣れてきたら，手がかりを段階的に減らしていきましょう。後者であれば，違う点に注目させて，判別の学習をします。その際の学習は，ゲーム化して楽しみながらやるような工夫が必要です。

③事前学習

学習活動の中で，読むことは基本中の基本ですので，何かにつけ読むことが要求されます。それがうまくできないことのストレスはたいへん大きいということを，周囲は考慮すべきです。教科書を順番で読むことを嫌うのは当然ですね。でも，A男君の読む順番を飛ばしたら，本人のプライドは傷つきます。あらかじめ読む箇所を指定しておき，事前学習で暗唱させ，授業でそれを披露する機会があってもいいと思います。それとは別に，A男君の家庭や学校生活に身近な頻度の高い漢字を選択し，優先的にそれをおぼえることからはじめてみることも，おすすめします。

よくない対応の例 読みの困難の要因は，単純ではありません。読めないといっても，そのつまずき方は実にさまざまです。視覚・聴覚の認知能力のほか，音韻意識（音声を符号化した聴覚的イメージ）や視覚・聴覚の記憶力や注意力も関係します。これらの能力特徴と，あらわれている読みに関する困難状況とを照らしあわせることをしないで，ただ読みの練習をくり返し課するだけでは，本人の困り感はますます増幅するだけです。学校の支援体制が整っていれば，特別支援教室のような通級による個別指導も検討していいのではないでしょうか。

（渡辺徹）

Q **Ⅲ-2** LD（書字困難）

漢字を読むことはできますが，書くことはうまくできません。また英語の単語をおぼえて書くことも苦手です。どのように指導したらよいでしょうか？

> **ケース**
>
> 　LDである中学1年生のB男君は，ノートの決められたスペースにうまくおさめて書くことができません。おぼえた漢字の形も整っていません。ちょっと見ると，乱雑になぐり書きをしたように見えます。また，筆順はでたらめです。英語のアルファベットは書けますが，何回練習しても単語を正しく書くことができません。みんなと同じように書けないことで，イライラしている様子もあります。

A ①ノートの大きさ，マス目，罫線を点検します。
②なぞり書き，筆順を示す，色分けした教材を用意します。
③ローマ字読みとゴロあわせでおぼえさせます。
④漢字，英単語を書く負担を減らします。

①筆記用語とノートの選択

　B男君の書字が苦手なことは，中学生になってからはじまったわけではありません。小学生のときから，平仮名，片仮名の形がうまくとれず，鏡文字もなかなか直りませんでした。つまり，もともと形をとらえる視覚的認知やその形の記憶，さらには目と手の協応がうまくいっていないことが推測されます。もう一度，筆記用具や使用しているノートが適切なものであるか，点検しましょう。筆圧が弱ければ楽に書けるものを，スペースにうまく字を収められないのであればそのためのスペースを，どの程度の大きさでどのくらいの文字数で書けばよいか，手がかりを与える必要があります。

②なぞり書き，場合によっては筆順の無視

　中学生にもなると，なぞり書きそのものに抵抗を示す場合があります。漢字の意味や成り立ちに注意を向けさせ，偏とつくりの組みあわせの学習などをしてみるといいかもしれません。筆順における起点と終点の確認や，順番をおぼ

えるための画数ごとの色分けも有効ですが，どうしてもうまくいかなければ，B男君なりのとらえ方を認め，筆順を無視してもよいことにするという考え方が必要です。

③おぼえやすいゴロあわせ

書字にあわせて動作を言語化したりゴロあわせをしたりすることで，その口調や体の動きが手がかりになっておぼえやすくなる場合があります。たとえば，「体」という漢字は「斜めに縦棒，木に横棒」「イの字に本は体です」，またローマ字が使える場合は，「door」の単語は「ど（do）お（o）ーれ（r）戸をあけてみよう」といったふうに，生徒が歌をおぼえる感覚で取り組んでみるといいでしょう。

④表現の代替手段

学年が進行するにしたがって，書く量とスピードが要求され，これについていけない生徒は，ますます書くことへの苦手意識が増幅します。うまく書けないことのストレスは相当大きく，B男君もこの状態が続けば，書くことそのものを拒否するようになることが予想されます。そうならない前に，場面と学習の目標に応じて，漢字で書かなくともよいこと，パソコンや辞書を使ってもよいことなど，書くことの負担を減らし，代替の手段を使って表現することの喜びを感得させることを優先すべきです。肢体不自由のように，目に見える障害であると，そうした対応は理解されやすいのです。しかしB男君のような，困難な状況の要因が周囲から見えにくい場合も，見えにくいからこそ積極的に代替手段を検討することが大切です。

（渡辺徹）

よくない対応の例 　工夫のない反復練習／量・スピードの過大要求

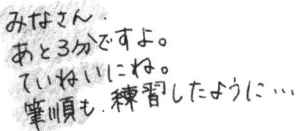

×

みなさん，あと3分ですよ。ていねいにね。筆順も，練習したように…

Q　Ⅲ-3　LD（計算・文章題困難）

教科の中でも特に算数の成績が振るいません。計算問題，文章題をよく間違えます。どう指導したらよいのでしょうか？

> **ケース**
>
> 　LDの診断を受けている小学3年生のC男君は，筆算ではよく桁を間違えます。文章題では文意を理解できないまま，機械的に立式をしているようです。家庭でも保護者が相当時間を割いて教えているようですが，学習効果はありません。テストでのはじめての問題などは完全にお手上げ状態で，白紙です。最近は苦手意識が出てきて「算数は大嫌い」と言い，学習意欲をなくしてきた様子が見えます。

A　①マス目の入ったノートやプリントを用意します。
　　②文章題を図や絵でまとめさせます。
　　③具体的操作やゲームを通して問題に取り組ませます。

①数字の位置確認

　C男君は，基本的な数の概念は形成されているものの，筆算の桁を間違えることがよくあります。たとえば136＋48＝544のように，48を百の位と一の位にまたがって書くことによる計算違いです。このことからは，視覚的な認知能力が十分でなく，数字の位置関係がうまくとらえられないことが推測されます。したがって，位置が確認できるマス目のノートや自作のプリント（既製のプリントでもマス目をつけ加える）を用意して使わせます。定規のような補助具を使わせて，数字の位置を確認させることもいいのではないでしょうか。繰り上がり，繰り下がりの手順は知っているようなので，言葉で表現しながら計算させることは効果があります。手順をおぼえることにつまずきがある子どもの場合は，筆算の脇に印をつけたり順番を書いたりするとよいでしょう。

②文章の図解

　算数の文章題でつまずく子どもたちは，意外と多いようです。国語のような長い文章の読解がそもそも苦手，それほど長くない算数の文章題も何が求められているのか理解困難で，そのうち×をもらう経験を積み重ねると，学習意欲

を失うこととなります。

　読んで理解することに困難を示すC男君の場合は、読んであげるか、ゆっくり何回か読ませて記憶させ、確認しながらそれをいくつかの短い文にまとめる、あるいは図や絵に置き換えてまとめさせ、そこから立式にもっていく手順をとるとよいでしょう。「126円のチョコレートを買うのに、レジで1000円さつを出しました。おつりはいくらですか」の文章題。C男君は最初、「これ足し算？それとも引き算？」と聞き、迷った末に、答えは126－1000＝26円でした。文章に出てきた順番に数字を使い、位も間違えて126－100（0）を計算したのでした。そこで、チョコレートを持ってレジにいる絵、レジで1000円を出している絵、おつりをもらう絵を描かせ、「おつりは引き算」「引き算は大きい数から小さい数を引く」を確認させ、1000－126＝874を導かせると、うまくいきました。

③**算数嫌いの改善**

　問題数は思いきって半分に減らし、時間もゆっくりかけましょう。一度、算数が嫌いとなると、これを克服するのはたいへんです。読んで理解し、頭の中で操作する学習はついていけないことを、本人がいちばん自覚しています。具体的な操作、場合によっては体を使ったゲームをとり入れることが必要です。個別の指導や少人数指導でじっくりかかわってあげるのも必要かもしれません。文章題もC男君の生活に密着したものに変え、興味・関心をもたせます。

（渡辺徹）

よくない対応の例　　学習のつまずきを把握していない指導

Q Ⅲ-4　獲得性脳損傷・高次脳機能障害（症状の理解と支援）

交通事故にあって入院していた子どもが復学してきましたが，事故以前には見られなかった，学習面での困難やＡＤＨＤの子どもたちと同じような行動があらわれています。どのような配慮が必要でしょうか？

> **ケース**
>
> 　交通事故で外傷性脳損傷を負い，長期に入院していたＤ男君が復学しました。身体機能に関しては学校生活で特に困ることはないようですが，なかなか授業に集中できず，授業の途中でも自分勝手なふるまいをする，また授業中や友達と遊んでいるときに，突然激しく怒りだして暴言を吐くなど，事故以前には見られなかった行動が目立っています。新しく学習した内容もなかなか定着しません。以前とは異なるＤ男君の様子に，担任もクラスの児童たちも戸惑っています。

A　①困難な状況やその背景を把握します。
　②ＡＤＨＤ，ＬＤなどの児童・生徒への支援を参考にします。
　③脳損傷による特異な状況を考慮します。

①困難状況およびその背景の把握

　外傷性脳損傷の場合，損傷を受けた部位により，さまざまな症状があらわれます。発達障害に見られるものと同様の症状のほかに，特異な認知症状があらわれる場合があります。記憶障害などは，その一例です。記憶障害の場合には，受傷以前の事柄は保たれていても，受傷後の事柄は数十分から数時間のうちに記憶から消え去ってしまいます。記憶はいくつかのタイプに分類されますが，そのうちの「エピソード記憶」と呼ばれるものに困難が生じることが典型的です。「意味記憶」と呼ばれるものにもやはり困難が生じますが，時間をかけて定着していく事柄もあります。

　このような特異な認知障害の理解や支援方法については，医療機関のスタッフなど専門家の助言を得る必要があるでしょう。たとえば，記憶の障害だからといって，それを補うためにメモをこまめにとるようにすすめるというのは，必ずしもよい方法とは限りません。メモをとること自体や，とったメモがどこ

にあるかをおぼえていること，メモを見ることによって付随する事柄が頭に浮かんでくること等々，メモの活用には記憶が必要だからです。どのような支援が有効であるかは，課題状況や子どもが有しているスキル（受傷年齢や回復の様相によって異なります）を丹念に分析・把握して，はじめて見えてくるものです。

②ほかの障害のある児童・生徒への支援方法の活用

いわゆる軽度発達障害の子どもたちに見られるものと同様の困難については，その状況を的確に把握したうえで，ほかのＱ＆Ａの項目で紹介されている支援方法を参考にしながら支援を試みます。ただし，以下に述べるような，脳損傷による特異な状況に十分配慮する必要があります。

③脳損傷による特異な状況の考慮

脳損傷による特異な状況として，まず通常の発達・成長期間を有しており，受傷以前の自己イメージを有しているということがあげられます。このことが，現実の自分の姿をなかなか理解できない・受け入れられない，新しい学習方略を用いることに拒否的になるといった状況をもたらします。また，自己イメージと現実とのギャップから，精神的な苦痛が生じたり，心理社会的な困難がもたらされたりする場合もあります。受傷以前に学習した内容は保たれている場合が多く，復学後の早い時期には学業テストで比較的高い得点を示すので，周囲の者は学習能力に対して高い期待をもってしまいがちです。しかしながら，能力間に著しいアンバランスが存在したり，情報処理スピードの低下や先に述べた記憶障害などにより，新しい事柄の学習が難しくなっている場合があります。さらに，受傷後１年以内は状態像の変容が著しいこと，さまざまな困難がずっと後になって生起する場合があることなども，心に留めておく必要があります。

よくない対応の例　身体機能に特に顕著な障害が見られない場合，受傷以前のイメージにもとづいてなにげない励ましの言葉，本人の努力を期待する言葉などをかけてしまいがちですが，そのような言葉はときに本人を追いつめることにもなってしまうので，要注意です。

（野口）

Q **Ⅲ-5** 広汎性発達障害（活動への参加・個別指導補助）

広汎性発達障害の子どもですが，個別指導補助の先生の支援でさまざまな活動に参加できるようになってきました。ただ，その先生といっしょでなければ活動に取り組んでくれません。できれば一人でできるようになってほしいのですが？

> **ケース**
>
> 小学1年生のE男君は，広汎性発達障害の診断を受けています。マイペースの行動が目立ち，学習活動，集団活動にはほとんど参加してくれません。「いっしょにやろう」と声をかけて誘っても，「イヤ！」と拒否されてしまいます。個別指導補助の先生にかかわっていただけるようになって，徐々にさまざまな活動に参加できるようになってきました。ただ，個別指導補助の先生といっしょでなければ，活動に取り組んでくれません。このままの状態が続くと，一人では何もしてくれなくなってしまうのではないかと心配しています。

A ①性急な判断・対応は避けます。
②ほかの先生方といっしょに，E男君の現在の状況をとらえなおします。
③それぞれの先生のかかわり方，役割分担について確認します。

①性急な対応の回避

最終的には自発的，かつ独力でさまざまな活動に参加してくれることが望まれるとしても，一足飛びにそのことを求めることは必ずしも正しくないでしょう。

学習活動や集団活動に加わっていくために，現在のE男君は「支えとなってくれる人」，あるいは「媒介となってくれる人」を必要としているように思われます。個別指導補助の先生が，E男君がさまざまな活動に参加していくうえでの，いわば安全基地のような役割を果たしていると考えられます。このような状況にあるときに，突然，個別指導補助の先生からの支援がなくなったとしたら，E男君には大きな混乱が生じるでしょう。

必要なときに必要な支援が得られるという状況が十分に保障されれば，多少

の時間は要したとしても，やがてそのような支援を必要としなくなっていきます。個別指導補助の先生とE男君との距離を性急に離そうとはせず，かかわり方を少しずつ変化させながら様子を見ていきましょう。

②状況のとらえ

　個別指導補助の先生は，E男君の特徴や行動特性にピッタリあった支援を適切なタイミングで行っているのだろうと思われます。それらが具体的にどのような支援であるのかを振り返ってみましょう。そのような支援のうちで一斉指導の中でも対応できる部分はないか，何らかの工夫で対応できる部分はないか，さらには，個別指導補助の先生がいなくとも，ないしはかかわりの頻度・程度が低い形でも，E男君ができそうな部分があるか等々について，特別支援教育コーディネーターの先生や個別指導補助の先生，そのほかの先生方といっしょに，これまでの経緯を整理しつつ明らかにしていきましょう。

③かかわり方，役割分担の確認

　上記のような検討をふまえて，担任，個別指導補助の先生，そのほかの先生がどのようにE男君への支援を行っていくか，プランを立ててみましょう。E男君自身に力がついてきている部分の見当がつけば，その部分に関しては，個別指導補助の先生による支援の程度・頻度を少し減らしてみます。あるいは，支援のしかたを少し変えてみます。たとえば，それまでは個別指導補助の先生がE男君のすぐそばにいて，すべてこと細かに説明し，見本や手本を示していたのだとすれば，まずは一斉指導の中でできる範囲で担任がその役割を担ってみます。個別指導補助の先生には，何かあればすぐにE男君にかかわれる状態で待機してもらいます。あるいは，視覚的な情報を必ず提示しつつ声がけをしていたのであれば，そのどちらか一方をはずしてみます。そのようにした際のE男君の様子を観察し，うまく行動できないようであれば，支援のしかたをもう一度見なおします。

よくない対応の例　個別指導補助の先生とのかかわりが，単に不得手な事柄からの逃避の手段となってしまっているような場合には，かかわり方の見なおしが必要です。ただし，機械的な判断は避けましょう。E男君の発達経過や現在の状態像をふまえてみると，そのような手段を必要としている場合もあります。

（野口）

Ⅲ-6 ADHD・広汎性発達障害（学習支援）

Q 学力が低いわけではないのですが，課題を時間内に終わらせることができません。どのような配慮が考えられますか？

ケース

中学1年生のF男君は，成績はクラスでも上位のほうに入るのですが，美術作品の制作や作文などでは，課題を時間内に終わらせることができません。ほかの生徒たちは授業時間内で十分に終えることができているので，時間的に無理な要求をしているとは思えません。結局，生徒の中で一人だけ自宅に持ち帰って作業をしていますが，そのようにしても，指定した期限までに課題を提出できないことがたびたびあります。保護者に話をおうかがいしたところでは，家庭でもかなりの時間をかけて取り組んでいるようです。

A ①非効率的な特定のやり方に固執していないかどうかをチェックします。
②時間的な見通しがもてるように，時計，タイマーなどを活用します。
③メタ認知的方略の導入をはかり，最初は教師といっしょに取り組みます。
④徐々に教師の直接的関与を減らしていきます。

①解決様式の確認

あまり効率的ではないやり方で作業を進めている場合には，別のやり方へと切り替えていく必要があります。広汎性発達障害の子どもたちの場合は，必ず決まった順番，決まった形で物事を進めていくことに強くこだわっていることがありますが，そのような場合には，別のやり方に切り替えることへの"抵抗"の度合いについても考慮する必要があります。別のやり方を導入しようとすることで，かえって大きく混乱させてしまう場合もあります。LD児に見られるような，特異な困難があるかどうかもチェックします。

②時計，タイマーなどの活用

ADHDや広汎性発達障害の子どもたちは，時間的な見通しを立てることが苦手である場合が少なくありません。開始時間，終了時間，時間経過が視覚的にわかりやすい時計やタイマーのようなものを，すぐに見える位置に提示して

みましょう。ただし，F男君はすでに中学生ですので，いくらわかりやすいものでも，見た目が幼い感じがするものを使うことは嫌がるかもしれません。年齢にふさわしい外観などについての工夫も必要となるでしょう。

③メタ認知的方略*の導入

私たちが何らかの課題に取り組む場合，全体の時間はどれくらいあるのか，課題を完成させるためにはどのようなステップを踏んでいかなければならないか，それぞれのステップにかける時間はどれくらいか，それぞれのステップの具体的な作業はどのようなものか，予定どおりに作業は進んでいるか，予定どおりに作業が進んでいなかった場合はどうするか，等々を，よほど複雑な課題でなければ，すべて頭の中で処理しています。

このようなプロセスがうまく処理できていない場合には，教師といっしょに取り組める外的で具体的な作業に変換してみます。つまり，実際の課題に取り組む前に，その課題を達成するための作業工程表やブロックチャートのようなものを教師といっしょに作成する作業を取り入れます。そして，作成した作業工程表などを見ながら，実際の課題に取り組みます。作業の進行経過も，適宜，教師がいっしょになって確認します。このようなやり方をすればうまくできるということを，十分に体験させます。

> *メタ認知的方略…簡略化していえば，目標達成のための自らの一連の認知行動を構成し実行する，またその進行を評価し制御する手段・やり方のことです。なお，「メタ」とは「より高次の」という意味です。

④独力遂行への段階的移行

上述のようなやり方で成功した場合には，しばらく教師主導でくり返した後に，徐々に生徒自身でおこなう部分を増やしていきます。作業工程表も徐々に簡素化していき，あらかじめ想定した時間配分がわかるように印をつけた時計やタイマーを用いるだけでうまくできるように促していきます。

よくない対応の例
特異な困難がある場合も含め，「急いで」「がんばって」などといった声がけだけでは，状況の改善には役立ちません。答えを教えてしまうことになるからと，解決のステップをこと細かく教えることや完成形を示すことを避けるのはよいとはいえません。将来的に一人でうまくできることが目標です。

（野口）

Ⅲ-7 ADHD・LD・知的障害（学習支援）

Q 静かに授業に参加し，教師の話もきちんと聞いているように見えるのですが，学習がなかなか進まない子どもがいます。気になってはいるのですが，どう対応すればよいのでしょうか？

ケース

小学4年生のG子さんは，とてもまじめに学習に取り組んでいます。授業中は，教師の話をきちんと聞いているように見えますし，プリントなどの課題にも熱心に取り組んでいます。ところが，授業の内容はほとんど理解できていないらしく，プリントなども実際にはほとんどできない状態です。

A ①学習困難の背景にある要因について検討します。
②必要に応じて，専門機関などの協力を得ます。
③状況にあわせた支援を試みます。

①学習困難の背景

行動面で特に目立つことがない児童は，対応が後回しにされてしまいがちですが，実際には多くの支援を必要とする場合が少なくありません。G子さんの場合，学習困難の背景として，いくつかの可能性を想定することができます。一つは，表面的には集中しているように見えても，実のところ必要なところに十分に注意を向けることができていないという可能性です。注意には，1）必要な事柄に注意を向ける，2）必要な時間，それを維持する，3）関係のない事柄に注意を逸らさない，4）必要に応じて注意を向ける対象を切り換える，などのことが含まれています。これらのうちのいずれかがうまくいかなければ，学習に困難が生じることは容易に推測されるでしょう。

また，「ワーキングメモリー」と呼ばれる内的なシステムがうまく機能していない場合，たとえばその容量が少ない場合には，複数情報を同時に処理していくことが難しくなります。ワーキングメモリーとは，ごく単純化して言えば，私たちがさまざまな資料を広げて作業する机のようなものです。机が十分に広ければ多くの資料を一度に開いて作業をすることができますが，小さな机では同時に開くのは困難です。

さらには，知的機能が全般的に低い水準にある可能性も考えられます。ほかにもいくつかの可能性は想定しえますが，学習困難の背景が実際のところどのようなものであるのかによって，支援の方法は異なってきます。したがって，心理検査などの結果も活用しながら，G子さんの学習困難の背景を探っていかなければなりません。

②専門機関との連携

　学校に心理検査等が十分にそろっていない，施行経験の豊富な教員がおらず，検査を実施することも，結果の解釈も難しいという状況にあるかもしれません。そのような場合には，専門機関にアセスメントを依頼することになります。また，巡回相談や専門家チームを活用することも一つの手段です。

③アセスメントにもとづく支援

　学習困難の背景に応じた支援を試みます。

　注意の問題が想定されるのであれば，一斉指示の後，個別に指示内容の確認をおこなう，板書などでは，いま注目すべき場所やノートに書き写すべき場所を線で囲むなどして明示する，注意を逸らすようなものは極力排除する，などのことが考えられます。

　ワーキングメモリーの問題が想定される場合には，一度に処理する量を減らす，たとえば，課題達成までのプロセスを細かくステップに分け，ステップを一つひとつ処理していくようにする，必要な事柄をすべて頭の中に保持するのではなく，すぐ参照できる形で提示しておく，などが考えられるでしょう。

　知的な問題が想定される場合には，うまく工夫した外的な補助具に，頭の中でおこなうプロセスの一部を担わせるといった方法などが考えられます。

> **よくない対応の例**　級友とのトラブルや立ち歩きなど，目立つ行動がある子どもにばかり注意が向いてしまっていないでしょうか。巡回相談等で学校にうかがうと，相談対象児よりもずっと気にかかる児童が在籍している場合が少なくありません。「がんばっているから……」と見守るだけでは，けっして状況は改善しません。　　（野口）

Q **Ⅲ-8　不登校**（保健室登校）

学級にいることができず，別室（保健室その他）に行きたがる子どもがいます。そんなわがままを認めていいのでしょうか？

> **ケース**
>
> 　小学2年生のH男君は，小学1年生の途中から不登校の状態になりました。専門機関を早期から利用し，早い段階で親子ともに明るさをとり戻し，家での生活も安定してきました。2年生になり，本人の意欲も高まり，登校するようにはなったのですが，クラスルームにはなかなか入れません。保健室に行きたがるのですが，「せっかく登校するようになったのだから，教室に入れるように」という思いもあり，どう対応したらよいか迷っています。

A 　①順調な立ち上がりだと思います。
　②「リハビリ登校」という考え方も大事です。
　③「わがまま」と見るか，「精いっぱい」ととらえるかで対応が違ってきます。

①これまでの年数をこれからの月数で

　臨床経験からいうと，不登校になった時点での人生の積み重ね年数を，しっかりした適切な対応をとり続ける月数でカバーできれば（次の一歩を踏みだすことができれば），きわめて順調な立ち上がり，と見ることができると思います。H男君の場合，6歳ぐらいで不登校の状態になり，6か月ほどで再登校に至ったわけですから，きわめて順調といってよいのではないでしょうか。

②「リハビリ登校」という考え方

　順調とはいっても，半年も離れていた場に立ち戻るのは，なかなかたいへんなことです。労働領域では，休職・病休からの復職にあたって「リハビリ出勤」という取り組みが増えてきています。徐々に仕事に戻っていくことを応援することによって再発を防ぐことができる，という考え方です。「リハビリ登校」という考え方もあってしかるべきではないでしょうか？

③「させる」よりも「できるように援助」

　登校はしているのにクラスルームに入らないということを「わがまま」と見

れば，無理にでも教室にいさせる・保健室に行くことを認めない，という対応になるのでしょうが，それはほとんどの場合，功を奏しません。それどころか，再び不登校状態を惹起する最大の要因になってしまうことが圧倒的に多い，というのがこれまでの知見の積み重ねでわかっています。「集団としてのあるべき論」はリハビリ登校にはなじまない，ということになります。

　一人ひとりがみな違うニーズをもっている，それに可能な限り対応・配慮する，というのが特別支援教育のコンセプトです。それは何も「障害」に限定される考え方ではないはずです。「今は，登校するだけで精いっぱい。保健室にいるという形で学校を利用してくれている」ととらえて，腰を据えて見守り続ける姿勢が大切だと思います。

　保健室にいることができる時間が長くなってくると，次は教室に，と期待したくなります。でも，先取りして「そろそろ教室に行こう！」と強い刺激を与えないでください。「先手を打つより後手後手に」という対応が大事です。無理に何かを「させる」というかかわりよりも，「できるようになるまで援助し続ける」「待つ」というかかわりが，子どもの成長に大きな栄養になるはずです。

(関口)

| よくない対応の例 | 無理に何かを「させる」かかわり |

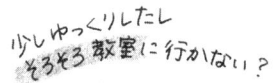

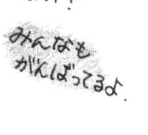

授業／活動

Q Ⅳ-1 広汎性発達障害の疑い（一人遊び）

一人で遊ぶことが多く，一斉活動に加わらない子どもがいます。どのように誘えばよいでしょうか？

> **ケース**
>
> 広汎性発達障害の疑いがある4歳のA男くんは，ブロックやお絵かきなど一人で遊ぶことが多く，お友達と会話したりいっしょに遊んだりすることがほとんどありません。自由遊びをいつまでもやめられなかったり，教室から出ていこうとしたりします。お友達の近くに寄っていったり，特定の女の子に抱きついたりしますが，相手が嫌がってもやめません。どうも相手の気持ちをくみとることが難しいようです。

A ①何を苦手としているのかを理解し，取り組みやすい工夫を考えます。
②まわりの子との適切なかかわり方を教えます。

①苦手なことへの配慮

お絵かきが得意なA男くんですが，「先生の指示を聞きながら描く」といった課題は苦手なようです。聞いた言葉の意味を正確に理解することが難しいのです。聞いて理解するよりも見て理解するほうが得意であるという特徴は，広汎性発達障害の子どもに見られます。見て理解することが得意なことを考慮して，たとえば文字やイラストを使って製作の手順を書いた紙を用意し，必要なときは持っていくように伝えておくといった対応がよいかもしれませんね。

A男くんは，見通しをもてないと不安になり，言語指示ですばやく気持ちを切り替えることが苦手です。先生に「おもちゃをかたづけて，いすに座ってください」と言われても，かたづけられずに，落ちつきなく動きまわる様子がありました。しかし，フラフラ動いているように見えて，実は状況を把握しよう，気持ちを落ちつかせようと精いっぱい努力しています。また，一心不乱におもちゃに集中しているように見えて，実はチラチラまわりを見ていることもよく

あります。

　A男くんにとっては、あらかじめ活動の流れを把握しておくことが必要です。たとえば、「△時□分になったら○○はかたづけて□□する」といったように、具体的に時間を提示して予告してあげることや、1日の流れをスケジュール表にして示しておくことなどの配慮があるとよいでしょう。このときも視覚的に提示するとよりわかりやすく、おぼえやすくなります。

　なお、一斉活動への誘い方として、「こちらに誘う」という考え方ではなく、「A男くんのいるところを中心にする」という考え方もあります。毎回そのようにすることは難しいかもしれませんが、ときにはこのような柔軟な発想があってもいいかもしれません。

②適切なかかわり方の指導

　「特定の女の子に抱きつき、嫌がってもやめない」とあります。幼児期のころはそれでもかわいい行為とみなされますが、これが思春期以降も続くと社会的に望ましくない行為と評価されてします。「今のうちはいい」とせず、「仲よくしたいときは握手だよ」といったように、早い時期から相手との適切なかかわり方を根気よく教える必要があります。

　なお、抱きつき行為が見られる子どもの中には、触刺激に対する極度な敏感さや鈍感さが見られることがしばしばです。抱きつくことで触刺激をとり入れ、満足感を得ようとしているのかもしれません。ボディペインティングやボール遊び、毛布遊び、プールなど、からだ全身を使った遊びを積極的にとり入れることをおすすめします。

よくない対応の例　恐怖や不安に感じているところを強引に引っ張って誘うのはよくありません。子どもによっては不安なときに身体を触られると、より強い恐怖を感じてしまう場合があります。また、一人で遊ぶことが好きだからといって、気にかけずにずっと一人にしておくのも、子どもの存在を無視する行為となってしまいます。たしかに、「みんなで遊ぶよりも一人のほうがいい」と話す子どももいます。みんなといっしょにできないとダメということではなく、保育者としては「まわりのお友達といっしょに遊ぶ楽しさも知ってもらいたい」と願うものです。その気持ちを大切に、まずは活動の場にいること、そして見るところからはじめて、少しずつ集団参加を促していけるとよいでしょう。

〈渡辺千・渡辺徹〉

Q Ⅳ-2 話すことのできない子ども（言葉の遅れ）

クラスに一人だけ言葉をうまく話せない子どもがいます。どのような配慮が必要ですか？

ケース

> 3歳のB子ちゃんの言葉は単語が中心で，まだほかの子のようにいくつかの単語をつなげてお話しすることはできません。一斉指示だけでは理解できず，まわりの子の動きを見てなんとかついていっている状況です。お話しだけでなく，そのほかの活動においても全体的に少しずつ遅れが見られます。性格はやさしくおっとりしていて，他児との衝突は少ないようです。

A
① 「わかる！」経験の積み重ねを大切にします。
② 目の前のものと対応させながら話しかけるようにします。
③ 保育者がまわりの子との仲介役になるようにします。

①「わかる！」経験の積み重ね

B子ちゃんのように全般的な遅れが見られるものの，他児との衝突はなく，おっとりしたタイプの子どもは，集団の中ではしばしば本人の困り感が見すごされてしまうことがあります。B子ちゃんは人なつっこく，いつもニコニコ笑っていますが，内実は先生の言葉やルールを理解して生活しているのではなく，まわりを見てなんとかついていっている状況です。できるだけB子ちゃんがスムーズに活動できるようにサポートし，「わかる」経験の積み重ねを大切にしたいものです。先生が二人いる場合は，一人の先生がB子ちゃんのとなりで活動を補助します。一人の場合は，一斉指示を出した後に，B子ちゃんへわかりやすく短い言葉での個別的な声がけがあるとよいでしょう。

②指示の出し方・声のかけ方

指示を出すときは，B子ちゃんが話している言葉のレベルにあわせるとよいでしょう。言葉の意味を理解することが難しいというだけでなく，長い文章を理解するのに必要な記憶容量も，まわりの子と比べるとそう大きくないことを考慮する必要があります。一回に出す指示は原則として一つだけにします。声をかけるときは，たとえば，絵本を見ていたB子ちゃんが「かわいい」と言っ

たら「かわいいウサギさんね」と返すように，Ｂ子ちゃんが話した言葉からつなげて（一語加えて）伝え返してあげるとよいですね。また，語彙量を増やし，言葉をはぐくむには，物（あるいは動作）と言葉とがしっかり一致していることが大切になります。頭で考えさせるのではなく，なるべく目の前に実物を提示して，行動の手本や動作を見せてあげながら話すようにするとよいでしょう。

③まわりの子との仲介役

ほかの子どもたちが自由におしゃべりできるのに，Ｂ子ちゃんはまだうまく話せないわけですから，Ｂ子ちゃんと他児との間に保育者が入って，言葉によるコミュニケーションをつなげる役割を果たすことが必要です。しかし，保育者が何でも先まわりしてやってしまうと，Ｂ子ちゃんが自ら発信する必要性がなくなり，かえって成長の妨げになってしまう場合もあります。子どもたちの中にも積極的にお世話をしたがる子どもがいますが，「Ｂ子ちゃんは今がんばっているところだから，みんなで応援しようね」とまわりが待つ姿勢も必要です。無理に言葉で言わせようとするのではなく，たとえば，表情や動作がいっしょに書かれた「うれしい」「たのしい」「わからない」「ごめんなさい」「ありがとう」といったカードを使って意思表示するところからはじめるなど，Ｂ子ちゃんが今できる方法を使いながら，同時に言葉の表現力も身につけていけるようなサポートがあるとよいでしょう。

（渡辺千・渡辺徹）

よくない対応の例　複雑で抽象的な指示・何でも先まわり

Q Ⅳ-3 広汎性発達障害（授業放棄・教室の飛び出し）

興味・関心のあることが限られ，授業での学習課題はすぐ放棄し，教室からの飛び出しをする子どもがいます。どのように対応すればよいでしょうか？

ケース

小学3年生のC男君は最近，広汎性発達障害と診断されました。国語と算数が苦手で，学力も1年以上遅れています。学習にほとんど集中できず，教科書やノートも出しません。いつもお気に入りのフィギュアや図鑑を出して，好き勝手なことをやっています。授業をまともに受けていない状況が続き，教室からの飛び出しもあります。最近，周囲の子どもたちも落ちつきがなくなりました。

A
①取り組める学習課題を用意し，個別指導を実行します。
②指導補助員や，学生の学習支援ボランティアを活用します。
③許容することとしないことの範囲を明確にします。

①個別指導の徹底

一斉指導の授業参加に無理があると判断したら，まず個別の指導計画を作成し，C男君が達成できそうな目標を設定します。その際，目標を精選し，優先順位を明確にしておくことが大切です。ティームティーチング（TT）の授業，スペシャル課題を用意した配慮指導，別室の個別指導など，さまざまな指導形態を工夫してみましょう。通級教室の利用，特殊学級担任，空き時間の教師，少人数指導の教師，教務主任，教頭，校長などを総動員して，TTや個別指導の時間を確保しましょう。進んでいる学校は，このための時間割を組んで実行しています。1週間に30分だけでも，まずはじめることが大切です。個別指導の場面では，苦手な国語・算数をすぐ取り上げるのではなく，興味・関心のあるもの，得意なものから取り上げて，その中に少しずつ教科の内容を織りこんでいきます。個別指導を楽しみにしているようになれば，このケースは大前進です。教室からの飛び出しは，1日何枚と限定した「許可カード」をC男君に発行し，多くの教師が声をかけあう体制をつくるのも一方法です。

②人的資源の活用
　地域によっては，独自の予算で教育委員会が指導補助員を配置しているところもあります。学生ボランティアや地域住民に呼びかけてお手伝いをしてもらうこともいいでしょう。こうした人たちの登録リストを作成し，上手に活用している学校があります。
　授業の責任は，学級担任にあります。しかし，学級担任一人でやれることには限界もあります。担任がいろいろな人と協力して，特別の支援が必要な子どもにきめ細かい指導ができるように計画・実行することは，とてもいいことだと思います。これがうまくできる教師は，一人で問題をかかえこんで，結局，何の具体的な手も打たずに終わる教師よりも，はるかにすぐれた教師なのです。C男君だけでなく，支援を必要としているほかの子どもへの働きかけが的確になされれば，学級全体が落ちつきをとり戻してきます。

③物へのこだわりに対する許容範囲
　物へのこだわりは，広汎性発達障害の一つの特徴です。C男君にとって，お気に入りのフィギュアや図鑑があることで，情緒的な安定が得られているのかもしれません。
　取り上げても，泣き叫び，不安定になるだけと予想されるので，授業そのものに重大な支障をきたさない限り，まず許容しましょう。ただ，将来ともこのままでいいとは思えませんので，C男君ががまんできる範囲で，机の上に出す時間制限をしてみるのもいいですね。机の上でなく，C男君から見えるところに置いておくことで納得する場合もあります。既述した学習課題や指導形態がある程度軌道に乗れば，個別の指導場面では許可，教室では禁止というルールを本人に課すことも考えるべきでしょう。

> **よくない対応の例**
> 　学級内に問題を閉じて，自分の力だけで解決しようとすることはやめるべきです。それは事態を悪化させ，C男君や周囲の子どもたちに何らよい結果をもたらしません。教師であればだれでも抱える問題であり，学年・学校全体で取り組むべき課題なのです。経験や勘に頼った指導も感心しません。集団からの逸脱行動をただ「よくない行動」として，集団にともかく参加させることだけに力点を置く，力で抑える指導も好ましくありません。

（渡辺徹）

Q **Ⅳ-4** 高機能自閉症（授業・活動の展開）

時間割の変更や予告していない活動をすると，すぐパニックを起こして泣き叫びます。どのような授業展開を心がけたらよいのでしょうか？

> **ケース**
>
> 　小学2年生の高機能自閉症のD男君は，決まったことを決まったようにやることは得意です。しかし，予告なしの変更や新しい事態にはスムーズに入っていけません。たとえば，予定していたプールの時間にたまたまポンプの故障で入れなかったり，授業中のグループ活動の順番を変えたりすると，どのように説得しても納得せず，しまいにはパニックを起こして泣き叫びがはじまります。

A ①事前の予告を確実にします。
②時間割や活動内容の変更を視覚化して，確認できるようにします。
③構造化された授業展開を心がけます。

①事前予告

　高機能自閉症の子どもたちの多くは，一度学習すると，かたくなにそのとおりでないとがまんできない特徴をもっています。物へのこだわりのほか，こうした一度決められたことへのこだわりがあり，突然変更があると，本人にとってそれはとても耐えられない事態なのです。変更前と変更後の関係の理解困難，そして新たに展開する新しい事態への見通しがもてない不安が，パニックを引き起こします。社会生活はいつも決まった順序とルールで展開されるわけではないので，彼らにとって実に生きにくい世の中というわけです。

　いつもと異なるスケジュールの場合，D男君にはとにかく確実に事前予告をして，納得させておくことが必要です。高学年になると，学校生活に慣れて，納得がいかなくともいくぶんがまんすることができるようになります。

②変更内容の視覚化と確認

　今日の予定，授業ごとの学習活動の展開を，カードで黒板に貼付し，それぞれ変更がある場合は，何から何に変更したかを視覚的に確認できるようにしておきましょう。学習活動の展開をあらかじめ黒板に示しておき，いまやってい

る活動にマグネットなどでマークをすると，次にどんな活動をするのか予測が立てられます。このことはＤ男君だけでなく，見通しを立てることが苦手なほかの児童にとっても役に立ち，安心して活動に取り組むことができます。

　Ｄ男君の場合，変更に対する抵抗もありますが，ポンプの故障が結果として泳ぐことができないこととうまく結びついていないかもしれません。ポンプに×のカードを掲げておき，実際に現場まで本児を連れていって，「きょうはポンプが故障（×）だから水泳は中止（×）」と納得させてみましょう。「はい。わかりました」などと簡単には納得しないでしょうが，できるだけシンプルな図式で事態を確認させる積み重ねが，少しずつ自己統制する力を伸ばすことになると思われます。

③構造化された授業展開

　授業がどのように展開されるのか，そして課題にどのように取り組めばよいのかを，子どもがわかっていることが基本です。また，その授業で達成させたいＤ男君の指導目標も明確になっていなければなりません。そのためには，クラス全体には言葉による指示ですむ場合も，Ｄ男君には個別の再指示，机に確認表や指示カードを使っての指示，あるいは具体物を見せての簡潔な指示が必要です。授業の導入・展開・まとめの流れがあまり複雑にならないこと，手順はできるだけ図示することも心がけてください。ＴＴの授業や指導補助員・学習支援ボランティアの積極的な活用があると，即時確認・即時強化する役割も担ってもらうことができ，子どもは一つひとつの学習活動への集中力が増していきます。

（渡辺徹）

よくない対応の例　思いつきの変更や言葉の説明が多い授業

Q Ⅳ-5　ADHD（授業参加）

ふだんはほとんど授業に参加していないのに，専門家の先生が授業の様子を観察に来たときはとても立派にふるまう子どもがいます。「どうしてこんなときだけ」と思ってしまうのですが…？

> **ケース**
>
> 　小学4年生のE男君は，ささいなことでカッとなって机を倒したり，椅子を投げたりなどの激しい行動を何度もくり返してきた子どもです。授業中は，教科書やノートを出すことはほとんどなく，消しゴムや定規をいじって遊んでいたり，教室内を立ち歩いてほかの子どもたちにちょっかいを出したりしています。先日，専門家の先生が授業の様子を見に来たのですが，そのときはとても立派で，教科書とノートをきちんと開いて，立ち歩きもまったくありませんでした。ところが，その先生が途中で退室されると，とたんに「ふぅー」と大きなため息をついて，教科書とノートをさっと閉じ，その後はいつもと同じような状態になってしまいました。授業終了後に，「ほんとはできるのに，いつもはどうしてやらないの!?」「人によって態度を変えるのはよくないんだよ」と声をかけたところ，E男君は教科書とノートを机に叩きつけてしまいました。

A　①否定的・禁止的表現は原則として避けます。
　　②「立派にしていた」ことを認め，ほめます。
　　③「よい行動を増やす」を支援の基本とします。

①否定的・禁止的表現の回避

　否定的・禁止的・叱責的表現は基本的に避けるべきです。E男君は，本人としては精いっぱいがんばって授業に望んでいたのだろうと思われます。専門家の先生が退室された際の大きなため息は，緊張から解放された安堵感から思わず漏れ出たものなのでしょう。E男君自身にも「今日はがんばった」という気持ちがあったに違いありません。

　ところが，担任の先生から言われた言葉は，それがE男君のためを思ってのものであったとしても，表現としてはE男君の行動を否定的に評価する形とな

ってしまっています。E男君自身は「がんばった」と思っているのに、それを認めてもらえなかったことへの憤りが教科書、ノートを叩きつける行動となったのではないでしょうか。

②承認と賞賛

ふだんの様子からすれば、専門家の先生が授業参観された日のE男君は、相当のエネルギーを費やして授業に参加していただろうと思われます。それがたとえ短い時間であったとしても、自ら授業に参加しようとし、実際にできていたことを認め、ほめてあげましょう。また、この日のE男君の行動を、「人によって態度を変えている」と否定的に評価するのではなく、周囲の状況に目を向け、状況に応じて行動をコントロールする力がついてきているのだと肯定的に受けとめてあげてください。そうすることで、先生の言葉がけのしかた・内容も変わり、結果としてE男君の行動の様子も変わってくるはずです。実際、担任の先生が毎日記していたE男君の行動記録から、何かのことで先生からほめられた後は、しばらくの間、友達とのトラブルや激しい行動などがほとんど生じていないことがわかりました。

③支援の基本姿勢

好ましくない行動を減らそうとする姿勢は、ときとして対症療法的な取り組みになってしまう場合があります。そのような取り組みでは、たとえ当該の行動が減ったとしても、好ましくない行動が違った形であらわれてくる場合も少なくありません。

時間がかかることは覚悟のうえで、「好ましい行動を増やしていく」ことへと発想を切り替えてみてください。好ましい行動が随所で見られるようになれば、結果として、好ましくない行動は減じているはずです。

よくない対応の例 ある一つの、固定的な視点からしか子どもたちの行動を評価できないということは望ましくありません。すぐに制止・阻止しなければならない類の行動の中にも、ポジティブな方向への変化が見いだされる場合があります。そのようなわずかな変化をけっして見落とさないでください。

(野口)

Q **Ⅳ-6** てんかん（意識レベル低下・ぼんやり）

授業中，ぼんやりしている印象があります。ときおりハッと気づいて，周囲の様子から判断して活動をはじめ，なんとかこなしています。どんな対応が必要でしょうか？

> **ケース**
>
> F男君は，授業中，ぼんやりしていることが多く，話をよく聞いていないような印象があります。何か指示された場合も，ハッと気づいたようにして，周囲の様子から判断して活動をはじめ，なんとかこなしていますが，途中でまたぼんやりしていることがあります。集中力がすぐに切れてしまうようにも見えます。

A ①いつごろからそのような傾向があるのかを，振り返ってみましょう。
②ぼんやりしている事実だけではなく，様子を細かく見てください。
③家庭での様子を聞くとともに，事実を伝えてみましょう。
④ぼんやりしている場面のことを，本人にさりげなく聞いてみましょう。

①いつごろからそのような傾向があるのかを再度確認

ぼんやりしていることや不注意な様子が気になりはじめたのはいつごろからか，振り返ってみましょう。入学の時期，5月，1学期という具合に，具体的な行事やその時期のクラスの様子，家庭とのやりとりの経過を思いだしながら，「気になりはじめた時期の欠席や家庭からの連絡などの中身の再検討」をします。

②ぼんやりしている事実だけではなく，様子を細かく観察

ぼんやりしていたり不注意なことそのものが気になりがちですが，そのときの表情や身体の様子や，それが続く時間の長さも見てください。ぼんやりしている様子が，どのような場面か，会話の最中などもそうか，みんなで動いているときはどうかを，よく観察してください。夜ふかしの習慣がかなり強くなり眠いのか，それとも不自然に活動が途切れているのかでは，要因も対応もまったく違います。

③家庭での様子を聞くとともに，観察される事実を伝える

保護者に聞く内容・話す内容を絞りこむ必要があります。夜ふかしなどでは

ないと考えられるならば，ぼんやりしていることに限定して聞いてみる必要があります。家庭でもときどき気になる様子があるならば，「てんかんによる短時間の意識レベルの低下があるのかもしれない」といった推測が成り立ちます。保護者に「起きている事実」を伝えることが求められます。教師は病気の診断をする立場にありませんし，保護者も安易な「診断らしき意見」は受け入れません。ですから「てんかんかもしれない」といった推測ではなく，あくまでも観察結果を伝えましょう。"受診は保護者の役割，診断は医師の役割"です。

④ぼんやりしている場面のことを本人にさりげなく聞いてみる

勉強や活動の際にぼんやりしている様子がある場合には，できるだけすぐに声がけをしてみてください。その際に，前後の行動文脈から外れた内容を本人が言うかどうかを把握しましょう。また，頭痛などの体調不良や気持ちの戸惑いなどがないかどうか，さりげなく聞いてみましょう。本人が困惑していても，その事実を伝えるすべをもっていない場合があります。

よくない対応の例　ぼんやりしていることやまわりの様子を見ての行動などだけを問題にして，背景にある問題を考えることもなく，無理に活動を強制すること，精神力の不足であるかのように指導することは禁物です。また，ぼんやりしている際に，身体を揺すったり大きな声をかけたりして気づかせるだけでは，問題の解決になりません。

必要なことが記憶されていなかったり忘れていたりすることがあるために，まわりの子どもたちとあわなくなることもあります。

いろいろな身体的困難や病気は，明確な身体症状があってはじめて周囲の人に認識される傾向があります。しかし，意識レベル低下の場合，その困難をなんとか最小限にしようとしている子どもの適応努力が，行動文脈のずれとしてあらわれ，奇妙に見えることがありますので，細心の注意で観察することが必要です。

（村上）

Q Ⅳ-7 てんかん（意識レベル低下・活動の保障）

てんかんの子どもで，さまざまな遊びや活動を可能な限り保障するために，気をつけるポイントは何でしょうか？

> **ケース**
>
> 小学3年生のG男君は，てんかんと診断されています。家庭からは，ほかの子どもと同じように接してほしいが，プールなどは気をつけてほしいといわれています。ほかの子どもたちと同じように，可能な限りさまざまな遊びや活動を保障するために，注意すべきポイントは何でしょうか？

A ①学校生活の中での発作の様子を，よく把握することが必要でしょう。
②家庭と連携して，発作前後の様子を把握しましょう。
③対象児の，学校の中での行動範囲や立ちまわる場所を把握しましょう。
④担当者だけではなく，職員全員が様子を理解できるようにしましょう。

①学校生活の中での発作の様子をよく観察

てんかん発作は，一般に痙攣を起こすといったイメージがあります。しかし多くの場合には，居眠りのような比較的短時間の意識の消失です。ただし，その意識消失が，立ち歩いているときなどの活動中に突然起きてしまうため，転倒などによりケガをしてしまうことも少なくありません。

そこで，てんかんの子どもの担当者は，その子どもの様子をよく観察し，一人ひとり違った形態であらわれるてんかん発作の様子を把握することです。

②家庭と連携して，発作前後の様子を理解

てんかん発作は突然生じるといわれていますが，家族の中では，長年の経験から，どのような場面で発作が生じる傾向が比較的高いかを把握していることがあります。すべての発作は予測できないにしても，発生しやすい場面やその後の回復状況を理解していることで，担当者が不必要なまでの生活上の規制を子どもに強いる必要がなくなります。気を抜くことは許されませんが，不安の中で子どもに接するマイナス面は避けることができます。

③対象児の学校の中での行動範囲や立ちまわる場所を把握

学校などの建物の中には，発作が起きることでケガしやすい場所（トイレ，

水道の洗い場，昇降口など）や，発作が起きて倒れていたりしても人に気づかれないような場所（階段1階隅や教材室，体育館準備室など），そして生命にかかわる場所（池やプールなどの水場，体育館ギャラリーなどの高所）があります。いずれも学校としては基本的な施設設備です。

そのような場所に対して，職員が日ごろから目を行き届くように注意を喚起するためには，学校の校舎や敷地内に関して，子どもの状況にあわせて点検し，危険度別に色分けして，いつも見える場所に掲示しておく必要があります（たとえば，長尾（1995）の「生活安全地図」などを参照）。

④担当者だけではなく，職員全員が様子を理解する

幼少時期ならば，担当者の目が十分に行き届くことが多いでしょうが，小学校段階，特に高学年になると活動範囲も広がり，大人の目の届かない場所を選んで行動することが多くなります。成長による自立が，危険度を増す可能性をもっているわけです。しかしここで，活動の抑制を強めることは，その後の子どもの成長にマイナスに作用します。

そこで，できるだけ多くの職員・大人の協力が必要になります。全職員の「ちらっと見る」配慮が，相対的に広い範囲の安全バリアとなることを期待することになると思われます。

> **よくない対応の例**
>
> 仲のよい友達であっても，子どもの様子を見てもらうことを要請することは避けましょう。大人でも難しいものです。それを重荷に感じた友達は，徐々にその子どものまわりから去って行ってしまいます。
>
> （村上）

Q　Ⅳ-8　アトピー性皮膚炎（落ちつきのなさ・身体的困難）

アトピー性皮膚炎の子どもが、いつも身体のどこかを掻いています。授業への集中が失われがちです。どのように対応すればよいでしょうか？

> **ケース**
>
> 小学3年生のH男君は、アトピー性皮膚炎です。授業中でも、いつも身体のどこかを掻いています。本人はがまんしようとしているようですが、意識しないままに掻いてしまい、どうしても、授業への集中が失われがちです。どのように対応すればよいでしょうか？

A
①どのような日や状況で掻いているかを把握することが必要です。
②掻いてしまう状況について、子ども本人に聞いてみることが求められます。
③家庭と連絡をとり合い、症状の管理にとって適切な状況を考えます。

①どのような日や状況で掻いているかを把握

アトピー性皮膚炎の子どもが痒（かゆ）がっている様子は、周囲から見ると、何もしてやることができず、かわいそうでしかたがないものです。しかしよく観察すると、その日やあるいは場面によって、痒がっている状況に変化が生じていることがわかります。その日の天候や季節、食事後など特定の時間帯や体育などの活動の後、ときには緊張場面などです。もちろん、一人ひとり違いますので一概には言えません。そこで、掻いている状況を生活パターンや環境なども含めて観察し、記録してみることが必要です。

②掻いてしまう状況について子ども本人に直接聞く

子ども本人も、半ば自動的に掻いているように思いがちですが、よく話を聞いてみると、常に明確とはいえないまでも、痒くなる状況をある程度は認識していることがあります。体育や休み時間に汗をかいた後に痒さが増してがまんできなくなっていることや、給食などの後に身体が少しあたたかくなるとき、特定の食べ物や飲み物との関係など、子どもによってはうすうすではあるが把握していることもあります。

人の身体は一人ひとり違った特徴をもちます。大人の勝手な思いこみで、食

物との関係はない，緊張感が足りないから痒くなる，などといった一方的な指摘は考えものです。むしろ子ども本人の感じている内容に痒みが生じる要因やそれへの対応のヒントが隠されている場合があります。

③家庭と連絡をとり合い，症状の管理にとって適切な状況を検討

家庭であれば，汗をかいた後にはすぐにシャワーを浴び，スキンケアをきちんとして自然素材の衣料品を身につけることが当たり前となっている子どもがいます。しかし，学校では，体育などで汗をかいても，小学校などにはシャワーなどは通常整備されていません。また，汗を拭いてのスキンケアは，子ども本人は必要であると考えていたとしても，まわりの友達の目を気にして実行していないことが多いようです。また，身体の一部でも冷たいタオルなどで冷やすことで，全体の痒みを抑制することができる子どももいます。

子どもたちの授業への集中を考えるにあたり，遠まわりの印象を受けるかもしれませんが，家庭でのケアの様子やそのための施設や方法についての情報が必要です。そのためには家庭との密接な連絡が求められることは，いうまでもないことです。

よくない対応の例　掻くことで皮膚の状態を結果として悪化させることは，よく知られています。そのため，「掻かないで」と言っておさえこもうとしますが，子ども本人がいちばん，掻いてはいけないと思っています。言われることで，ますます罪悪感が強くなります。したがって，そのような状態になることを避けるためにも，冷たいタオルで冷やすなど，対症療法的であっても，その子どもにあったケアが求められます。

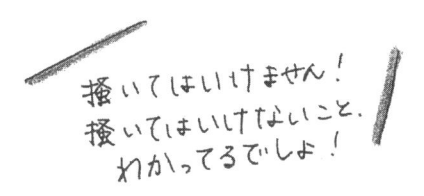

（村上）

授業／活動　85

Q Ⅳ-9 糖尿病・食物アレルギー（活動・食事制限）

食事制限を必要とする病気の子どもでも，校外学習や修学旅行で友達といっしょに活動してほしいものです。指導上注意すべきポイントは何でしょうか？

> **ケース**
>
> クラスに，糖尿病や食物アレルギーなどの食事制限のある子どもがいます。校外学習や修学旅行で，街でのグループごとの自由行動とおやつ・昼食を許可したいのですが，そうすれば食事制限がおろそかになり，身体的に危険な状態が生じる可能性があります。しかし一方，友達といっしょに活動してほしいという願いもあります。

A ①ケアの一環としての食事制限を，把握することが必要です。
②子ども自身の食事制限の意味についての理解を把握することが必要です。
③食事とその場面のもつ社会的な意味を考えて対応しましょう。

①医療的なケアの一環としての食事制限を認識

食事制限というと，一般には摂取できる食材や量が制限されている点がイメージされますが，ケアの側面を考えると，食事の時間や食事と食事の時間間隔といったサイクルも重要な要素となってきます。また，このサイクルは服薬や検査などと直接的につながっていることも多いのです。したがって，摂取する食材や量のみではなく，子どもの医療的なケアの一環として食事制限を把握することが必要です。

②子ども自身の食事制限の意味についての理解を把握する

ここで述べられているように，校外学習などの際に子どもだけのグループごとの自由な活動を認めること，その中におやつや昼食も含まれるとなると，食材や摂取量の制限は守られても，サイクルを守ることが難しい状況になることも想定しなければなりません。そうなると，子ども自身が，ケアの一環としての食事制限を正しく認識しているかどうかが重要な要素となります。

③食事とその場面のもつ社会的な意味

　ここで取り上げた問題は，子どもが食事場面をどのようにとらえているかに深くかかわっています。メニューや食事の量の違いに友達が好奇の目を向けても，いっしょに活動して同じ場所で食事をとることを望むようであるならば，「食事場面」がもつ社会的な意味や役割を子どもが理解しはじめていることになります。いっしょにいるためにこそ，適切な食事制限や服薬サイクルなどの管理をすることが必要であることがわかってきているのです。

　食事場面では，マナーに関することや栄養を摂取することが強調されがちですが，そこでいっしょに食事をとること，席をいっしょにすることで，その集団の一員であることを確認するという，社会的な意味合いも大きいといえます。

④子どもにどのようにしたいのかを聞いてみる

　食事制限やサイクルを気にする必要のない多数の子どもと，管理しなければならない一人の自分との関係を理解できるかどうかです。みんなといっしょにいることを優先するならば，医療関係者の支援を受けて，そのような場面での対処方法についての情報を先輩患者等からあらかじめ入手することも必要でしょう。そのためには，保護者や医療関係者，教師は最大限の支援をおこなうべきでしょう。

> **よくない対応の例**
>
> これまで述べたように，食事制限のある子どもが，校外学習や修学旅行の場面で友達といっしょに活動することを許すことは，一定の危険が伴うことは明らかです。しかし，健常の子どもといっしょの活動を制限し続けることは，将来，社会に出ることを認めないことと同じです。大人が配慮し「守られた教育的環境」での活動は，将来，社会に出るうえで貴重な経験となることを認識し，支援することこそが必要です。

(村上)

学級生活／学級経営

Q **V-1** 自閉症の疑い（幼児への障害の説明）

まわりの子どもたちが「A男くんはなんで○○できないの？」と聞いてきます。どのように説明したらよいでしょうか？

> **ケース**
>
> 4歳のA男くんは，自閉症の疑いのある子どもです。感覚の敏感さからパニックを起こすことがあるため，先生はA男くんがクールダウンできるようなお部屋をダンボールで作ってあげました。また，自分の持ち物やロッカーがわかるようにとシールを貼ってあげました。最近，まわりの子どもたちが「A男くんはなんでお話しできないの？」「なんでA男くんだけシールがあるの？」と聞いてきます。

A ①人間としての「違い」の意味を考え，自分なりの考えを整理しておきます。
②質問を受けとめ，気持ちや特徴をわかりやすく話してあげます。

①「違い」の意味の再整理

子どもに「どうして？」と質問されると，多くの保育者が何か落ちつかない気持ちになるようです。それはなぜでしょうか。障害のある子どもとそうでない子どもの個々人の違いについて，どのように考えたらいいのかうまく整理しきれていないのかもしれません。「どうしてまわりと違うのか」といった素朴な疑問は，保育者も子どものときは同じようにごく自然に抱いていた感情です。しかし，大人になるにつれ，「かわいそうと思っちゃいけない」「人はみな同じなんだ」といったような，社会的に望ましいといわれる考え方が支配するようになるのかもしれません。「障害とは何か，人が社会の中で生きるとはどういうことか」といった問題は，ふだんなかなかじっくりと考えることの少ないテーマです。こうした本質的な問題について考え，その時点での自分の考えを整理し，また，わからないことはわからないこととして自覚しておくことは大切

ではないでしょうか。言葉にならないもやもやとした気持ちを抱いたときは、自身の考え方を見つめるよい機会なのかもしれません。

②疑問の受けとめと気持ち・特徴の説明

　視聴覚障害や肢体不自由といったような、見てわかるような障害の場合は、その子の身になって必要な支援を想像することができるので、先生が特別な配慮をしていたとしても子どもたちは理解しやすいといえます。しかし、自閉症のように見た目にはわかりづらい障害の場合は、「Ａ男くんはなんで……ができないんだろう」「なんで先生はＡ男くんだけ特別扱いするんだろう」と感じることでしょう。それはごく自然な感情です。子どもに「どうして？」と問われると、何かきちんと答えなくてはと焦ってしまうかもしれません。しかし、子どもたちは障害の原因や自閉症とは何かという答えを求めているわけではありません。無理に答えよう、教えようと難しい言葉を並べて説明する必要はありません。また曖昧にごまかすのもよくありません。関心を向けたことを受けとめ、子どもの素朴な疑問に耳を傾けたいものです。「どうしてお話しできないの？」と聞かれたら、たとえば、「どうしてかな。先生にもわからないんだ。でもＡ男くんもみんなとお話しがしたいのかもしれないよ」と、わかる範囲で話してみてはどうでしょうか。また、「なんでＡ男くんだけシールがあるの？」という言葉の背景には、「Ａ男くんだけずるい」という気持ちが含まれていることを察してあげたいですね。「Ａ男くんはシールがあるとわかりやすいんだよ。あなたもほしい？」と聞いてあげるとよいかもしれません。「その子の立場」の共感性を促すのであれば、たとえば、「Ａ男くんは突然からだを触られると針が刺さるように感じるのかもしれないね」などとたとえてあげてはどうでしょうか。

（渡辺千・渡辺徹）

よくない対応の例　　違いについてのあいまいな対応

学級生活／学級経営　89

Q **V-2 発達障害（学級崩壊）**

学級に発達障害の子どもが3人います。この子どもたちにかき回され，まわりの子どもたちも同調して学級が崩壊寸前です。どうしたらよいでしょうか？

> **ケース**
>
> LDとADHDの合併，広汎性発達障害，それにアスペルガー症候群の子どもの3人，このほか軽度の知的障害の子どもを含めて小学3年生34人の学級です。発達障害の子どもたちへの対応にエネルギーを注いでいるうちに，まわりの子どもたちが行動をまねて落ちつかなくなり，授業中でも騒ぎだすようになってしまいました。最近は保護者も問題を知って，学校に抗議する事態に発展しました。

A ①学級経営方針の見なおしをします。
②学級を立て直すための人的資源を投入します。

①学級経営方針の見なおし

過去のある調査で，150の学級崩壊の要因分析をすると，「学級経営が柔軟性を欠く」が7割，「特別な配慮を必要とする子どもの存在」が2割という結果があります。要因はこの二つだけということではなく，複雑にからみあっているように思われます。このケースに見られるように，発達障害の子どもが学級崩壊の引き金になる場合もあります。学級がコントロール不能になる前に，早めにいろいろな手を打つことが必要です。

まず，これまでの学級経営方針を見なおしましょう。守るべき授業のルール，学級での生活のルールをしっかり子どもたちと確認しましょう。ルールは守れそうな低いレベルから，しかもけっして欲ばらずに一つだけ選んでスタートしてもいいのです。守ることができたら認め，しっかりほめましょう。発達障害の子どもたちに同じルールを適用する必要はありません。周囲の子どもたちには，いま3人はみんなと同じようなルールは無理なので特別ルールを適用することを説明して，理解を求めます。発達障害の子どもたちに引きずられることなく，学習に集中するように指示します。担任のやるべきことは，しばしの間

この３人をなんとかしようとするエネルギーを，まわりの子どもたちの望ましい行動を形成させることに割くべきです。また，余裕がないかもしれませんが，こういう事態のときこそ子どもたちの言い分にしっかり耳を傾けなければいけません。

②人的資源の投入

学年主任，教務，教頭，校長に早く事態を告げ，状況の打開をはかります。学校全体に支援をお願いすることは恥ではありません。どんな教師もこのような事態に陥る可能性はあるのです。

このケースでは子どもたちを通して保護者に噂が広まりました。保護者から学校への抗議，担任不信，担任交替の要求，そして学級・学年懇談会での３人の子どもたちの保護者への攻撃という悪い経過をたどってしまいました。こうなる前に，学級に教員を複数配置する，もし可能ならば非常勤講師，指導補助員，ボランティアを配置し，ティームティーチング（ＴＴ）の指導体制を組みます。時間を短縮し，短期集中型の授業に切り替える試みがうまくいった学級の例もあります。

３人の子どもたちへは，基本的な方針と計画を立てて担任以外の者が対応します。必要な場合は個別指導の時間を確保し，興味・関心のある課題に取り組ませることで落ちつきをとり戻すことが可能です。保護者には，すべての子どもたちの学習，健康・安全の環境を整える学校の取り組みを逐次伝えて信頼回復に努めてください。必要な場合は専門家の協力を得て懇談会を利用して，発達障害や子育て全般の研修会を開催するのもいいのではないでしょうか。

よくない対応の例 　問題を頻発させる子どもの対応にだけ目がいくと，学級全体の指示がどうしても行き届かなくなります。またメリハリのある簡潔で明快な指示がないと，好き勝手なことをする子どもの連鎖がおこります。担任一人でなんとかしようと思い悩む期間が長ければ長いほど，事態は深刻化し，学級を立て直すのに長い時間がかかります。学校全体のすばやい対応がすべてです。学習や行動において，一人ひとりの明確な達成すべき具体目標が教師・子ども・保護者に共有されることで，学級崩壊の芽を早めに摘むことができます。

（渡辺徹）

Q **Ⅴ-3** 発達障害（事件・事故への対応）

ＡＤＨＤの子どもが，ほかの子どもにケガをさせてしまいました。学校経営の管理責任者として校長がやるべきことはどんなことですか？

> **ケース**
>
> ＡＤＨＤの小学２年生のＣ男君が，教室でほかの子どもとトラブルを起こし，物を投げて頭にケガを負わせてしまいました。当然ですが，被害者の子どもの保護者は学校に厳重抗議，加害者の保護者は懇談会で糾弾され，孤立状態です。また周囲の保護者からも，「自分の子どもがいつ被害者になるかわからない，担任の指導と学校の管理責任はどうなっているのか」と厳しく問われました。

A ①正確な事実関係を把握し，関係者に隠さずに説明します。
②子どもたちの健康・安全を最優先する学校経営を目指します。
③加害児童・被害児童・周囲の子どもたちへのケアをします。

①説明責任

子どもの事件・事故が起こらないよう万全の体制をしいておくことは当然ですが，万が一，起こってしまったらどう対応するか，危機管理マニュアルを作っておくべきです。

不幸にも事件・事故が起こってしまったら，先入観をもたず，正確に事実関係を把握し，隠さず，迅速に，教育委員会も含めて関係する人たちすべてに報告し，学校としての説明責任を果たすことが大事です。

加害者の児童と保護者が被害者側に謝罪するときも，当事者どうしにまかせっぱなしにすべきではありません。責任逃れととられるような言動は慎み，学校としての児童の管理責任は最終的に校長にあることをきちんと保護者に伝えましょう。

②健康・安全最優先の学校経営

危機管理に対する自己点検結果と具体的改善点を明らかにしたうえで，教職員が一丸となって事件・事故のおきない体制をしくことを保護者に話します。まずは安心してもらうことが第一です。具体的には，担任も含めてトラブルに

発展しないための対応，学校・学級の施設・設備，物品管理などの再点検，授業時の緊急対応，授業以外の場面，たとえば休み時間など教職員の目が子どもたちから離れやすい時間帯の対応についてです。そのうえで学級，学年，学校全体の保護者会などを利用して，発達障害の理解・啓発に努めましょう。

C男君の保護者が積極的に周囲の保護者に理解と協力を求めている場合は，子どもの特性と行動特徴，その理由と適切な対応について専門家の力を借りて話しあいをもつことは有益です。危険な子どもだからと排斥するのではなく，周囲がうまく対応することで事件・事故を未然に防ぐことは可能です。

③子どもたちの心のケア

周囲の大人が大騒ぎしているとき，子どもたちが完全に置き去りにされてしまうことがあります。そのようなことがないように，被害者と加害者はもちろんのこと，一人ひとりの子どもたちの思いをしっかり聞くようにしましょう。場合によっては，専門のカウンセラーの助けを借りることも必要です。

加害者のC男君は，ふだんも行動が衝動的です。相手の意図を十分理解することなく，カッとなって手を出してしまいます。C男君自身は，本人の意思をこえてそうなってしまう自分に気づきはじめています。C男君を受容し，彼の居場所が学校・学級になくなってしまわないように気を配りましょう。C男君に対しては，相手の子どもに謝罪をすること，ケガを負わせるような行為は絶対やってはいけないこと，そしてどう行動すればよかったかを話しておくことは，必ずやってください。

よくない対応の例
事件・事故を自分の学校から出してしまい，管理職としての責任を問われるというおそれから，表に出さないで隠そうとすることは，いちばんよくない対応です。加害児童とその保護者のしつけの責任，あるいは担任個人の責任だけを問題にすることは，何の解決にもなりません。一人ひとりの教師の指導力の問題とは別に，組織としての危機管理能力の責任者は校長にあるという自覚がなければ管理職としては失格です。校長先生には，問題の所在，その解決のための具体案作成と迅速な対応をする強いリーダーシップが求められます。同様な事件・事故が続いて起こらないように具体的な対策を立てることが何よりも大事です。

（渡辺徹）

Q **V-4** 学校経営（特別支援教育コーディネーター）

特別支援教育コーディネーターを担当しています。私の目から見て，気になる子どもがたくさんいるのですが，担任の先生方からはそれらの子どもについての話がまったく出てきません。コーディネーターとして，どのような取り組みをすればよいでしょうか？

ケース

特別支援教育コーディネーターに任命されてから，あいた時間などを利用して，ほかのクラスの様子を見学させてもらってきました。すると，授業に集中できていない子どもや一斉指示についていけないでいる子ども，学習面でかなりたいへんそうな子どもなど，気になる子どもが数多くいます。ところが，先生方の間で，それらの子どもたちのことが話題にのぼることは，ほとんどありません。コーディネーターとして，どのような取り組みを行っていけばよいでしょうか。

A ①学校全体で子どもたちを支えていくという姿勢を確認します。
②気になっている子ども，気になっている事柄などについて，先生方に簡単なメモ程度に書いてもらいます，
③事例検討会など，それぞれの児童について教職員全体で共通理解し，支援方法を検討する場を設けます。
④必要に応じて，クラス横断的な指導体制の導入について検討します。

①校内支援体制

クラスでさまざまなトラブルが生じていたり，子どもたちがさまざまな困難を示していたりする状況を，単に担任の力量や指導力の不足によるものと見なす雰囲気がある中では，実際に悩んだり困ったりしていることがあったとしても，それを口にするのははばかられるでしょう。あるいは，子どもたちが示すニーズに気づくことができていない，困難があることには気づいていても，その背景についての知識・理解が十分ではない，などのこともあるかもしれません。

管理職の協力を得て，1）支援を必要とする子どもたちが通常の学級にも少

なからず在籍しうること，2）それらの子どもたちを学校全体で支援していくこと，3）支援の方法も，専門家の協力を得ながら，全員で意見を出しあい，経験を共有しあいながら考えていくこと，などを確認しましょう。校内研修会など，校内の支援体制について，外部の識者や専門家からアドバイスしていただく機会を設けるのもよいでしょう。また，学校の特別支援教育に取り組む姿勢について，保護者の方々にも積極的に伝えていきましょう。

②気にかかる児童・事柄の把握

校内で共通理解ができたら，クラスの中で気にかかっている児童や気になっている事柄について，メモ書き程度のものを先生方から提出してもらいましょう。記述しやすい書式をあらかじめ作成しておくとよいでしょう。クラスの様子を見学させてもらうことも積極的におこないましょう。

③情報の共有

教職員で共通理解し，情報の共有をはかる方法は多数考えられますが，教職員のスキルアップもあわせてはかることができるという点からは，インシデントプロセスによる事例検討をおすすめします。この形式の事例検討は，事例提供者の準備の負担が少ないだけでなく，先生方が子どもたちのニーズを把握するための視点を形づくっていくことや，教職員が意見を交わしあい，経験を共有していくという体制の確立にとっても有効な手段となります。

④複数の視点

ふだんから，複数の教員が当該の子どもとかかわる体制を工夫しましょう。そのことによって，子どものさまざまな姿をとらえられるようになるはずです。教科によって，クラス横断的な授業形態をとることも一つの方法でしょう。

よくない対応の例　担任が一人で抱えこんでしまうという状況は絶対に避けなければなりません。支援方法の考案や個別指導計画の作成に関して，特別支援教育コーディネーターや特別支援教育担当教員にまかせっきりという状況も好ましくありません。学校全体としてのスキルアップをはかりましょう。

(野口)

Q **V-5** 場面緘黙（「話せた」ことをほめることの功罪）

場面緘黙（かんもく）の子どもがたまたま教室でお話しができたので，みんなでほめてあげました。でも，本人はとてもつらそうでした。どうしてでしょう？

> **ケース**
>
> 小学3年生のE男君は，幼稚園のころからずっと場面緘黙の状態が続いています。でも，とりわけ親しい友達とは小声でお話しができているようです。クラスで話しあいをしているときに，ふいに聞かれて「あのね…」と声が出ました。はじめてのことなのでびっくりし，みんなでほめたのですが，本人はとても戸惑った表情を浮かべてしまい，それ以来，以前よりもかたくなになってしまっています。

A ①場面緘黙としては，軽度の部類でしょう。
②「間違って」声が出ることは，軽度の場面緘黙ではよくあります。
③「うっかりしゃべってしまった」E男君の気持ちを考えましょう。
④「人前で話した」ことをリセット！

①見立て

特定の友達とは小声で話せる，というのは，場面緘黙の中ではきわめて軽症の状態です。それでも，軽度とはいえ場面緘黙の子どもですから，「人前で自分を表現し，評価にさらされる」ことには強い抵抗感・不安感があるものと思われます。場面緘黙は女児に多いといわれてはいますが，もちろん男児にも見られます。それほど稀なことではありません。

②軽度の場合はよくあること

緘黙とは，「口を閉じてしゃべらないこと」です。しかも，相当長く続くことが多いのです。ただ，人間ですから「間違い」（本人にとっての，という意味です）もあります。軽症の場合は特に，すれ違いざまにあいさつされると「おはよう」と言ってしまったり，このケースのような出来事が起こることもあります。家では話せているのですから，こうした「間違い」も十分に起こりうることでしょう。

③緘黙へのこだわりに配慮する

　E男君は「うっかりしゃべってしまった」ことに対して強く後悔していたはずです。できることならその場からいなくなりたい，と思っていたかもしれません。それぐらい場面緘黙児の緘黙へのこだわりは強いものなのです。「自分を表現することへの抵抗・不安」が背景にあるのです。そんな状態のときに，「間違って話してしまった」ことをみんなからほめられてしまったら，余計にいたたまれなくなりませんか？　また，「しゃべったことをほめられる」ということは，「しゃべらないのはいけないことだ」というメッセージにもなりますよね。それは突きつめると「おまえはダメだ」という意味にもつながりかねません。

④「人前で話した」ことはリセット

　内に驚きと喜びを感じつつ，その場をさりげなく流す，という対応が大切だと思います。そのほうがリスクが少ないですね。クラスメートにはなかなか難しいことでしょうけれども，せめて学級担任としては前もっての心がまえをしっかりしておいて，そのような「緊急事態」にそなえておく必要があります。起こった出来事自体は，もちろんとても大切なことですから，記録はしっかりとっておくべきです。ただし，日々の教育活動の中では「人前で話した」ことはリセットしてください。「人前では話さない」をベースラインに，粘り強く教育・指導をしていってください。

> **よくない対応の例**　人前で声を出したことを何度ももちだして「話せるはずだ。話しなさい！」と強要する，それができないと罰を与える，人前で話した場面をわざとらしく意図的にしつこく何回も設定する，などの対応は，児童と教師の間の信頼関係をそこねることにつながります。信頼関係がそこなわれれば，本当の意味での教育・指導はできません。強要しないまでも，「昨日は話せてすごかったね」「1週間前はしゃべることができてよかったね」「1か月前に君が話したことは忘れられない」「もう一度，声が聞けるとうれしいなぁ」などの声がけも避けるべきでしょう。とにかく「声を出させる」ということに焦点を当てないことが肝要です。

（関口）

Q V-6 ADHD（座席）

「ＡＤＨＤの子どもには、廊下側のいちばん前の席がもっとも落ちついていられる場所」と聞いてそのような配慮をしたのですが、かえって落ちつかなくなりました。どうしてでしょう？

ケース

小学1年生のF男君は、幼稚園のころにＡＤＨＤと診断されて薬物療法も受けています。たしかに注意の持続時間は調子のよいときでもせいぜい20分ですし、ルールがなかなか守れなかったり、突発的な行動があったり、教室を抜けだしたり、という特徴はあるにはありますが、対応に苦慮するというほどではありませんでした。ところが、席がえをして、廊下側のいちばん前の席にしたところ、落ちつかなくなってしまいました。本には「そこがいちばんよい場所だ」と書かれていたのですが…。

A

①子どもは一人ひとり違います。
②本に書かれていることは一般論、ないし最大公約数的なことです。
③いろいろトライしてみましょう。

①まずは状況の確認から

椅子があわないのかもしれません。単純に、その場所が嫌いなだけかもしれません。まわりの子どもたちとの相性はどうでしょう？　「廊下側のいちばん前の席」は、たしかに周囲からの刺激が少なく、一般論としては「ＡＤＨＤの子も比較的落ちつける場所」といわれてはいます。でも、たとえば、ＡＤＨＤの症状の一つひとつがとても気になって注意する・叱るなどをするような、いわば「天敵」のような子が斜め後ろに座っていたら、どうなるでしょう？　座高が高いのにいちばん前に座らされて、後ろの子からしょっちゅう文句を言われていたら落ちついていられるでしょうか？　教室の抜けだしもあるとのこと。席がえする前は、比較的抜けだしやすい席だったのではありませんか？　安心して抜けだせていた、というと言い方が変かもしれませんが、いちばん前だとなかなか抜けだせませんよね。

②本の情報はヒントとして活用

　書籍や研究論文やそのほかのさまざまな情報ツールには，現場に役立つ有用なヒントがたくさん載っています。ＡＤＨＤという用語が流布するようになってから10年以上がたちますし，それ以前の概念（ＡＤＤやＭＢＤ）のときの知識や経験の蓄積がたくさんあるわけですから，そうしたものを利用しない手はありません。もちろん，先にもふれたように，子どもは一人ひとり違います。本の記載どおりにやればよい，ということではありません。あくまでもヒントとして活用し，必要に応じて修正していってください。

③試行錯誤のくり返し

　座席の位置をめぐっては，「教卓のすぐ前が，教師の指示がしっかり入って集中しやすいので，最適」「校庭が見える席は，いろいろな刺激が入って集中しにくい」「周囲に模範児童・生徒を配置すると，よい見本が常にあって，行動を律しやすくなる」「逆に，ＡＤＨＤではないけど落ちつかなかったり，教師の指示を守れなかったりという，いわゆる問題児童・生徒が近くの座席にいると，悪い見本をすぐにまねしてしまうのでよくない」，など，いろいろな経験則が語られています。

　でも，くり返しになりますが，どのＡＤＨＤの子どもにも通用するなどという方法はありません。子どもは一人ひとり，みな違うのです。試行錯誤のくり返しで，Ｆ男君にあう席を見つけてあげてください。

よくない対応の例　落ちつきのなさなどのＡＤＨＤの症状を，保護者の養育姿勢のゆえとして追及したり，本や先行研究の記載にそのまま盲従して修正をしなかったり，頭ごなしに行動を規制するだけの強圧的な教育・指導を行ったり，などということが，よくない対応であることはいうまでもありません。学級経営上の配慮を怠ると，容易にいじめや学級崩壊を引き起こします。Ｆ男君に対して特別な配慮を伴った対応をする必要性について，クラスメートに対してしっかり説明することができない教師は，これからは通用しません。

(関口)

Q **V-7 ADHD**（ほかの子どもからのクレーム）

ＡＤＨＤの児童には「出し抜けに答えはじめてしまう」ことも「毎日の活動を忘れてしまう」ことも大目に見ているのですが，クラスメートからそのことに対してクレームが出はじめています。どうしたらいいでしょうか？

> **ケース**
>
> 小学4年生のＧ男君は，ＡＤＨＤと診断されています。症状が比較的軽いとのことで，薬物の投与はされていません。タイプは混合型とのことです。教師からの発問には挙手して指名されたら答えること，というルールがなかなか守れず，答えを思いつくとすぐに声に出してしまうため，クラスメートから「ずるい」とのクレームが出はじめています。Ｇ男君もわかってはいるようなのですが，その場では止められないようです。

A ①ルールは大切！
②「ぼくはダメだ」という思いを強めないように！
③クラスメートに理解してもらうことが必要ですね。

①ルール（目標）の設定

「しばしば質問が終わる前に出し抜けに答えはじめてしまう」のも「しばしば毎日の活動を忘れてしまう」のも，ＡＤＨＤの特徴として生じ得ることです。いかに軽度であるとはいっても，混合型ということですから，かなり行動上の問題が多いのだと思います。でも，ルールの設定は大事ですね。できれば，達成可能なルール（目標）だと，よりよいかもしれません。

②セルフエスティーム

これぐらいの年齢になると，「何をやってもみんなと同じようにはできないこと」を自覚するようになり，それがセルフエスティーム（自己肯定感）の低下につながってしまうことがあります。「わかってはいるようなのですが，その場では止められない」のですから，厳しい指導は逆効果です。

③クラスメートへの説明

小学4年生ですから，「Ｇ男君に対してみんなとは違うルールを設定して特別な配慮をしている理由」を，そろそろ話してもよい時期なのでしょう。「ず

るい」とのクレームが出はじめているこの時期が，もっともよいタイミングだと思います。早すぎると十分な理解が得られずにかえって誤解を強めてしまうことになりかねませんし，遅すぎるといじめが深刻化して歯止めがかからなくなるということになりがちです。

　どのように説明したらよいのでしょう？　クラスの雰囲気やふだんの人間関係・担任の人柄などで微妙に変わってくるとは思いますが，「視力が低い子には眼鏡が，足の悪い子には杖や車椅子が，それぞれ必要なように，落ちつきがなく集中していられないＧ男君には特別の配慮が必要」というような説明ははずせないと思います。「Ｇ男君はわざとやっているわけではない」ということも大事ですね。その場合に，ＡＤＨＤという診断名を使うかどうかは，判断の微妙なところです。保護者とよく話しあってみてください。ＡＤＨＤという診断名を用いて説明することも，場合によってはあってもよいと思います。ただし，その和訳の「注意欠陥多動性障害」は使うべきではないと思います。子どもたちにどのように説明しても，「欠陥」「障害」という言葉は重すぎます。あとは先生の工夫しだいですね。子どもたちが十分理解できるような説明のしかたを考えてみてください。

よくない対応の例　当たり前のことですが，クラスメートから「ずるい」とのクレームが出はじめているのに，何も対処しないで放置することはよくありません。一方，先生までクレームをつけ，強く叱責し，さらにはいじめる側に回ってしまうなどということは，本来はあってはいけないことですが，残念ながらそういうケースも散見されます。これは，最悪の対応です。絶対にやらないでください。児童・生徒の心を受けとめ，守ることが，これからの教師の重要な役割なのです。

（関口）

学級生活／学級経営　101

Q **V-8 統合失調症**（基本対応）

受けもちの子どもが統合失調症と診断されて，治療を受けています。学校ではどのような配慮が必要でしょうか？

> **ケース**
>
> 小学6年生のH男君は，6年生になった4月に急に幻聴・妄想が出現して総合病院の精神科に入院しました。幸い，比較的短期間で退院することができ，自宅療養の後に6月になって登校を再開しました。眠気やだるさがあるようで，まだ以前の元気さは取り戻せていませんが，勉強にも少しずつ追いつきはじめています。これからどのような対応をしていったらよいでしょうか？

A
①「腫れ物に触るような」対応は不要です。
②家庭・医療・学校でH男君を支えていきましょう。
③クラスメートへの説明も必要でしょう。
④中学校への橋渡しをしっかりしてください。

①経過は順調

きわめて順調な治療経過ですね。一般的に，急性発症例は緩徐に発症した例よりも，薬物療法に反応しやすく症状が早めにおさまりやすいといわれていますが，まさにその典型例でしょうね。幻覚・妄想などの陽性症状は消失しているようですから「腫れ物に触るような」対応は必要ありません。ただ，2か月ほどのブランクが過度のストレスにつながることがあると思います。勉強を含めて，その点のきめ細かい配慮は必要でしょう。

②副作用？

眠気・だるさは薬物療法の副作用かもしれません。薬に副作用はつきものですが，それがあまりにも強く出ていると，学業にも悪影響を及ぼします。学校での様子を家庭に伝え，家庭から医療サイドに情報を伝えてもらい，それがより適切な医療に反映される，というようなことができるとよいですね。

③クラスの雰囲気づくり

クラスメートに対しては，何らかの説明をする必要があるでしょう。完全に

寛解状態（症状が完全に消失した・ないしは生活に支障ないほどに軽快した状態）に至ったとは言いきれない状態だと思います。過度のストレスは，病状の再燃につながりかねません。周囲の配慮は必要不可欠です。

　問題は，伝え方です。「精神分裂病」から「統合失調症」に和訳名が変更されたことで，それ以前にこの病気に張りついていたきわめて強い偏見・誤解がずいぶんと緩和された，という話をよく聞くようになりました。しかし，それでも「遺伝病だ」「治らない」「犯罪の危険が強い」などの偏見が，完全になくなったわけではありません。診断名を使わずに説明するのが無難でしょう。「H男君はからだの病気のために治療中です。学校に来てはいますが，すっかりよくなったわけではありません。みんなで支えてあげてね」というような説明になるのでしょう。アレンジは先生が工夫してみてください。

④小中連携

　いま6年生です。来春は中学生ですね。そろそろ中学校への橋渡しの準備をしてください。統合失調症は長期間にわたって薬物療法を持続しなければならない病気です。当然のことですが，保護者から同意を得たうえで，進学予定の中学校に情報を提供しましょう。中学校からときおり授業の様子などを見に来てもらうというような対応がなされると，とてもよいと思います。小学校からの情報発信も積極的におこなってください。養護教諭どうしの情報交換も密におこなってほしいものです。

　その後は，中高連携，高大連携あるいは高地域連携が必要になります。統合失調症の治療は，それぐらい長丁場なのです。

> **よくない対応の例**　「精神医学の専門的なことはわからないから，すべて医療にお任せ」という態度は，最悪です。一人の児童にかかわるときに，スーパーマンは必要ありません。教育的視点から教師が，医療的視点から医師が，福祉的視点からソーシャルワーカーが，保健的視点から保健師が，チームを組んでかかわればよいのです。

（関口）

Q **V-9** 血友病・心臓疾患（運動・活動制限）

病気の子どもが，自分で体育などの参加・不参加など決めてきます。クラスの子どもたちは，わがままだと思っているようです。どう対応すればよいのでしょう？

ケース

> 小学3年生のI男君は，血友病（心臓疾患なども）と診断されています。体育などの内容によっては，「ぼくはこれはできません」と言って，見学を求めてきます。保護者も，子どもの判断にまかせてほしいと伝えてきています。クラスの子どもたちは，「自分の好きなものだけやっている」と思っているようです。

A ①家庭と連絡をとり，病状管理と活動制限について把握しましょう。
②大人の判断と子ども自身の判断の違いと，その理由を知りましょう。
③本人と話しあい，クラスの子どもたちに伝える内容を決めましょう。

①家庭と連絡をとり，病状管理と活動制限について把握

学校側は病名を知らされているので，家庭と連絡を緊密にとりあい，現在の病状や管理の状況，また医療的に求められる活動制限に関して把握することが必要でしょう。特に，運動などの判断をどれほど子ども自身にゆだねているのか知ることが大切です。保護者や医療関係者も，子どもの運動や活動の実態をほとんど把握せず，抽象的な理解にとどまっていることが多いものです。また，小さなときから子どもを見ていれば，なおさら他の子どもの運動の激しさや荒っぽさを理解していませんし，保護者の前では子どももおとなしくふるまう傾向が強いものです。保護者と教師だけではなく，子どもも交えその人格を尊重した，管理に関する取り決めをおこなうべきです。

②大人の判断と子ども自身の判断の違いとその理由を認識

小さなころから病気の子どもにおいては，必ずしも大人の判断による活動の抑制が正しいとは限りません。子どもはその経験から工夫し，大人が考えているよりも巧妙に，そして的確に自分の身体活動の限界を見きわめつつ，その範囲を拡大しようとしていることが多いものです。一つの例ですが，自転車を使

って，長い距離を歩くときに自転車を押すことで杖がわりにしたり，ときに休憩用の椅子，坂道は乗って運動量を抑えたりといったことも考えられます。

　そこで，保護者や教師は，子どもを一方的におさえこむのではなく，そのような活動をする理由やその際のリスクの認識を子どもに直接聞いてみることも必要です。病気をかかえつつも生きていこうとする子どもなりの「知恵」があるようです。おさえこむと，せっかくの「知恵」と工夫が消え去り，成長して大人になっても，自分なりの知恵と工夫で病気をコントロールして自分の人生を生きることのできない「大きな子ども」になる危険性がひそんでいます。

③本人と話しあい，クラスの子どもたちに伝える内容を決める

　クラスの子どもたちが，Ｉ男君の様子や体育のときの申し出に関して疑問をもつのは当然です。その子どもたちに「そんなことは気にしないこと」ということは，むしろＩ男君への疑念をもたせ，先生がわがままを一人だけ認め助長していると受けとられることになります。

　基本的には保護者の了解を得たうえで，Ｉ男君ときちんと話しあい，クラスの友達が感じていることを解消するための一つの方法として，「できること」と「できないこと」を具体的に伝えることが必要であることを理解してもらうことでしょう。ここで大切なことは，クラスの子どもたちに「気にするな」といって起きていることを意図的に覆い隠すことや，「病名」を伝えることではありません。あくまでも具体的な場面にそくして伝えること，そして教師がＩ男君の判断や行動を尊重していることを述べるほうがよいようです。

　子どもたちは，日々の具体的な事柄として認識しますが，むしろ保護者のほうがその話題をもちだすことに難色を示す可能性があります。しかし，この保護者と子どもの見解の相違は，成長し，大人の人格に育つ第一歩です。　　　　（村上）

よくない対応の例　病気を隠すこと，病名だけを伝えること

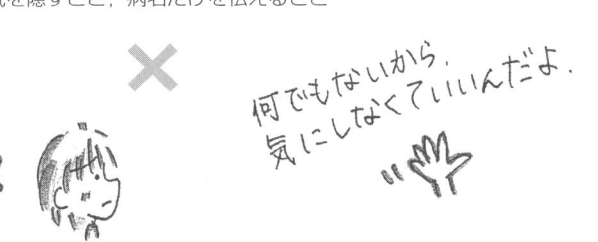

何でもないから，気にしなくていいんだよ．

Q V-10 糖尿病（食事・クラスの子どもへの説明）

糖尿病の子どもの血糖の管理や補食などについて，クラスの子どもに理解してもらうためには，どのように説明すればよいのでしょうか？

ケース

J男君は，インシュリン依存型糖尿病です。毎日，昼食前の決まった時間に，血糖検査や自己注射をするために，保健室に行きます。また，低血糖のときには飴玉や角砂糖をなめることがあり，クラスの子どもたちは，それを不思議に思っています。保護者も本人も伝えることは了解しています。

A

①病名ではなく，具体的な内容を伝えることが大切です。
②食べ物と身体の働きの関係を学ぶ一環として位置づけることも大切です。
③時間の経過とともに，自然なことであるとの認識が生まれてきます。
④子どもが，伝える相手や内容を選ぶ場合には，それを尊重しましょう。

①病名ではなく，具体的な内容を伝える

すでに述べた病気と同様に，「病名」を伝えたとしても，意味をもちません。クラスの子どもたちは，「病名」そのものよりもむしろJ男君の生活パターンが自分たちと違っていることが，好奇心の対象となっています。なぜ，昼前にいつもみんなの前から姿を消すのかといった，疑問点が解消されることが必要なのです。それがない限り，謎が解消しないので不思議に思い，いつまでも気にすることになります。

②食べ物と身体の働きの関係を学ぶ一環として位置づける

クラスの子どもたちのもう一つの，そして最大の関心事は，学校という場所において，飴玉や角砂糖などの「おやつ的」な食べ物をJ男君が，保健室などで堂々と摂取していることです。J男君にとっては，身体機能を維持するための「薬」的要素をもったものであっても，ほかの子どもにはその理由が認識され難く，特別扱いの対象としてしか理解されません。そこで，すでに述べたように，治療管理の具体的な内容の一つであることを伝えることが必要です。できれば，身体機能の維持に欠くことのできない食べ物とその代謝の学習の契機

とするのがよいと考えられます。

③時間の経過とともに，自然なことであると認識

具体的な内容に関してきちんとした説明をすることで，当初は好奇の目で見られることが一時的に増えるかもしれませんが，徐々にＪ男君にとって自然なことであることが認識されるようになります。クラスの子どもたちの中でも認識の進行状況は違います。理解が早い子どもは，よき理解者としてそのほかの子どもがＪ男君を理解することを促進したり，からかいの対象とすることを防ぐ役割を担ったりする貴重な存在となります。むしろ，教師こそがそれに先立つ理解者であることを知るべきでしょう。

④子どもが，伝える相手や内容を選ぶ場合には，それを尊重する

子どもたちにも社会的構造があり，理解者とそうでない者が存在します。小学校高学年ぐらいになると，友達をさまざまな基準で選択するようになります。そうなると，病気に関しても伝える相手や伝える内容を選ぶようになります。クラスだからと一律に対応を求めることは，むしろ伝えようとする子どもの心に水をさすことにつながります。子どもは日常の生活の中で，伝える相手や内容を時間をかけて決めてきていると考えましょう。したがって，そのような子どもの意向を最大限尊重してください。

よくない対応の例　教師自身がＪ男君の食事の制限や補食の実態をきちんと把握することなく，伝える場面だけを設定することは最悪です。長いあいだ病気の子どもは，大人でもおよびもつかないほどの医療知識と対人関係上のテクニックをもっているものです。クラスに理解してもらうための第一歩は，まずは教師自身がＪ男君の病気と生活上の困難を正しく認識することです。

（村上）

学級生活／学級経営　107

Q **V-11 食物アレルギー・食事制限**（食事・社会性）

食事制限のある子どもがクラスにいます。お弁当を持ってきますが，ほかの子どもたちは好奇の目でそれを見ます。どのように対応すればよいでしょうか？

> **ケース**
>
> K男君は，乳製品や卵が含まれる食材に制限があり，家庭から弁当を持参します。クラスのほかの子どもは給食を食べますが，メニューがかなり違い，ほかの子どもたちも気にするので別室での食事をすすめるのですが，本人は嫌がります。どのように対応すればよいでしょうか？

A ①病名ではなく，具体的な内容を伝えることが大切です。
②食べ物と身体の働きの関係を学ぶ一環として位置づけることも大切です。
③時間の経過とともに，自然なことであるとの認識が生まれてきます。
④食事とその場面のもつ社会的な意味を考えて対応しましょう。

①病名ではなく，具体的な内容を伝える

クラスの子どもたちにK男君の「病名」を伝えたとしても，意味をもちません。クラスの子どもたちは，「病名」そのものよりもむしろK男君の生活パターン，特に食事内容が自分たちと違っていることが，好奇心の対象となっています。なぜ，いつもみんなと違ったメニューなのかといった，疑問点が解消されることが必要なのです。その謎が解消しないので，不思議に思い，いつまでも気にすることになります。

②食べ物と身体の働きの関係を学ぶ一環として位置づける

クラスの子どもたちのもう一つの関心事は，学校という場所において，K男君だけが特別扱いの対象となっていることです。K男君にとっては，アレルギー反応を抑えるなど，身体機能に負担をかけないためのケア的要素をもったものであっても，ほかの子どもにはその理由が認識され難いものです。すでに述べたように，ケアのための具体的な内容の一つであることを伝えることが必要です。できれば，一人ひとりの身体と食べ物との関係についての学習の契機と

するのがよいと考えられます。

③時間の経過とともに，自然なことであると認識

　他のケースでも述べましたが，具体的な内容に関してきちんとした説明をすることで，当初は好奇の目で見られることが一時的に増えるかもしれませんが，徐々にK男君にとって自然なことであることが認識されるようになります。クラスの子どもたちの中でも認識の進行状況は違います。理解が早い子どもは，よき理解者としてほかの子どもがK男君を理解することを促進したり，からかいの対象とすることを防ぐ役割を担ったりする貴重な存在となります。むしろ，教師こそがそれに先立つ理解者であることを知るべきでしょう。

④食事とその場面のもつ社会的な意味

　ここで取り上げた問題は，教師が食事場面をどのようにとらえているかに深くかかわっています。メニューや素材が違い好奇の目で見られていても，ほかの教室に行って別に食事をすることよりも同じ場所で食事をとることを望むK男君の心に，「食事場面」がもつ社会的な意味や役割のヒントが隠されています。

　食事場面では，マナーに関することや栄養を摂取することが強調されがちですが，そこでいっしょに食事をとること，席をいっしょにすることで，その集団の一員であることを確認する社会的な意味合いも大きいのです。教師には，この点を考慮した対応が求められます。

よくない対応の例　ものを言わずに静かに食べている様子は，動物のエサの場面のように見えます。これこそがマナーであるかのように勘違いしている大人がいますが，豊かな食事とはその場での会話であり，食べ物の見た目や味を楽しむことです。食物アレルギーの子どもにも，その楽しみを伝えることが求められます。

（村上）

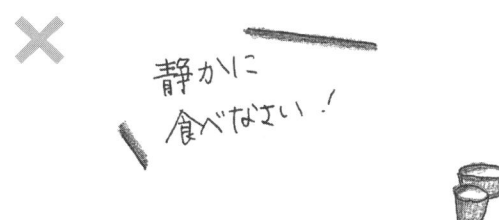

連携／協力

Q Ⅵ-1 広汎性発達障害の疑い（保護者への対応）

園で子どもが困っている状況を保護者に伝えても，わかってくれません。どのように対応すればよいでしょうか。

> **ケース**
>
> 4歳のA男くんは，いつもと生活の流れが違うと泣いたり地団駄を踏んだり，急な予定変更にすばやく対応することが苦手です。自分の好きなことはよく話してくれますが，保育者が質問すると答えが質問の内容とかみあっていません。先生が園での様子を保護者に伝えると，「家ではそんなことありませんし，これがこの子の性格なんです」と言われてしまいました。保護者は園の対応が悪いと感じたようです。

A
① 集団の中で困っている状況は，家庭の中では気づきにくいものであることを理解します。
② トラブルを知らせるのではなく，どんな配慮をしたらうまくいったかを伝えます。

①理解しようとする姿勢

A男くんは，発話量に比べて文脈を理解することが苦手です。一つの言葉や映像からイメージされたことを話してしまい，「もし～だったら」と仮定すること，質問の意図を正確にとらえることなどが難しいのです。詳しい行動観察と検査からA男くんには広汎性発達障害の疑いがあることがわかりました。

多くの子どもたちに接している保育者はまわりの子どもとのちょっとした違いにいち早く気づくことができますが，家庭の中ではこうした集団適応に関する特徴はわかりづらいものです。毎日の生活のリズムがある程度決まっている場面では目立ちませんし，予定が変更されることがあっても，安心できる家族がそばにいれば，それほど不安に陥ることがない場合もあります。また，家族であれば多少会話の中で言い間違えがあったとしても本人が何を言いたいのか

をくみとることができます。「家ではそんなことありません」と話す保護者の気持ちの背景には，なんとなくは気になりつつも認めたくない気持ちがある場合と，純粋にそんなことはないと思っている場合とがあると思います。事実，家では本当にそんなことはないことも多いのです。子どもが集団場面で抱えている課題は，保護者にとって気づきにくいことを保育者は頭に入れておく必要があります。理解してもらおうとするのではなく，保護者の話を真摯に受けとめ，理解しようとする姿勢が大切です。保護者へは「A男くんが困っているのではないか」と本人の気持ちを代弁するように伝えるとよいでしょう。

②うまくいったことの報告

「たくさん学び，楽しい園生活を送ってほしい」と願う気持ちは，保育者も保護者も同じです。どうしたら楽しくすごせるのか，どうしたら成長を促すことができるのか，共通の認識をもち，いっしょに取り組んでいく協力関係を築くには，保護者から「細やかな配慮をしてくれる園だな」「よく見てくれているんだな」と思われるような伝え方をすることが必要です。ただ一方的に，園でどんなたいへんな状況かを知らせるのではなく，「こんなことがあったけれども，こんな対応をしたら落ちついて課題に取り組むことができました」といったように，どのような配慮をしたらうまくいったか，その過程を伝えるとよいでしょう。

保護者にとっては問題を知らされるのではなく，子どもが何を苦手とし，どのようなサポートを受けるとより力を発揮できるのかを知っておくことが重要なのです。できないことや問題を指摘するのではなく，できるようになったことや目標を伝えるといった視点があるとよいですね。

よくない対応の例　「あれができない，これができない，今日はこんなトラブルがありました」と伝えるだけでは，保護者の気持ちを落ちこませ，園に対する不信感を増幅させるだけです。「できない」ということだけ強調した言い方をされれば，それはいったいだれに責任があるのかを考えてしまうのは当然です。集団の中ではまわりの子どもと比べて「できる・できない」といった尺度でその子を評価してしまいがちですが，保護者とともにその子自身の成長を見つめていく姿勢があるとよいですね。

〔渡辺千・渡辺徹〕

Q Ⅵ-2 気になる子ども（保護者・専門機関との連携）

保護者は特に心配していませんが，園では気になる子どもがいます。保護者や専門機関と相談を進めていくにはどうすればよいですか？

> **ケース**
>
> 5歳のB子ちゃんは知的な遅れは見られませんが，製作の時間になると部屋から出て行ってしまったり，お遊戯会の練習で何度説明しても自分の立つ位置を間違えたりと，場面によって気になるところが見られます。これまでの乳幼児健診ではフォローの対象とはならず，保護者も特に気にかけていないため，相談と支援がなかなか進みません。

A
①行動と能力の特徴を把握し，保護者にわかりやすく伝えます。
②健診でフォローはなくとも，特別な支援を提供します。
③まずは関係を築くところから，そして段階を踏んで相談につなげます。

①行動と能力の特徴把握

上記のような行動特徴があらわれる子どもの中には，発達検査で見てみると言語性課題と非言語性（動作性）課題の間に大きな乖離（かいり）があり，空間認知（ものの位置関係をとらえること）の困難さと身体知覚（自分の身体をどのように動かせばどんな動きになるかを把握する力）の問題が見られる場合があります。B子ちゃんの場合，言語能力は比較的高いのですが，手先を使った細かな作業は苦手といった特徴が見られました。「うまくできない」とすばやく感知するわけですから，イライラも人一倍強く感じるわけです。B子ちゃんが製作の時間になると部屋から出て行くのは，「みんなと同じようにできない」と瞬時にわかるため，やる気をもちにくいのかもしれません。こうした能力の特徴を把握し，保護者にもB子ちゃんの困り感を中心にわかりやすく伝えていきます。

②健診では見つけにくい発達特性

「早期発見と早期療育」が掲げられ，1歳6か月児健診，3歳児健診といった市町村単位でおこなわれる健診でも，障害の疑いのある子どもを早期に発見し，早期に療育へつなげようとする動きがあります。しかしながら，将来的にLDとして顕在化するリスクが高い子ども，多動性をともなわないADD（注

意欠陥障害）タイプの子ども，また，アスペルガー症候群のように知的な遅れや目立った言動が見られない子どもの場合，保護者からの相談や訴えがないと，限られた健診の場面では見つけることが難しいといった実情があります。年齢が上がって求められる水準や質が変わってきたときにはじめて課題が出てくる場合もありますし，集団に入ってから特別な支援を必要としていることがわかる場合もあります。たくさんの子どもを同時に毎日見ている保育者が「おやっ？」「あれっ？」と思う勘は確かであることがほとんどです。

③段階を踏んだ相談へのつなぎ

保護者が特に気にしていない場合，保護者の思いを無視し，まわりが診断や療育を急ぎすぎるとかえって専門機関から足が遠のくといった結果を招いてしまいます。園で配慮をしている内容を伝え，関係を築くところからはじめるとよいでしょう。さらに専門機関へとつなげていく場合は，今どんなところが成長してきているかを伝え，「もう少し力を伸ばすために専門的なアドバイスを受けてみませんか」「園でもさらにB子ちゃんの成長を促すかかわりを知りたいので，いっしょに相談に行きましょう」といったように，「ともに」の姿勢で提案するとよいでしょう。市町村によって相談できる機関や利用できるサービスは異なりますが，乳幼児期の身近な相談相手は多くの場合，保健師さんです。園と保護者の間に保健師が入ることで相談がスムーズに進むこともあります。

よくない対応の例　保育者が気になりつつも，「何も心配ない，大丈夫」といって園での様子を保護者に伝えず，学校に入ってから親子ともに相当な苦労を強いられることがあるという問題は軽視できません。保育者が気づき，保護者が心配していない場合の相談の進め方はたしかに難しい側面がありますが，たとえ専門機関につながらなくとも，保護者が子どもの幼児期の様子をよくわかっているということが，後々たいへん重要になります。

（渡辺千・渡辺徹）

連携／協力　113

Q **Ⅵ-3** 獲得性脳損傷・高次脳機能障害（復学）

交通事故にあい，入院した子どもがいます。頭部に損傷を受けたとのことですが，復学に向けてどのような取り組みが必要でしょうか？

> **ケース**
>
> 小学5年生のC男君は，自転車で道路を横断中に自動車にはねられ，頭部を強打して病院に運ばれました。昏睡の状態もあったようですが，その後は比較的順調に回復しているようです。リーダー的存在であるC男君が早く学校に戻ってきてくれることをクラスの子どもたちも待っておりますので，できるだけ早く復学できるといいなと思っています。

A ①医療機関との連携体制をつくります。
②医療機関のスタッフと密に連絡をとり，C男君の状態を把握します。
③復学の時期と復学後に必要な支援などについて話しあう機会をもちます。
④教職員および児童たちにC男君の状態を理解してもらう機会をつくります。

①医療機関との連携

　特別支援教育においては関係諸機関との連携が強く求められていますが，医療機関側の事情もあり，密接な連携体制を構築するのは必ずしも容易ではありません。しかしながら，このケースのように頭部に損傷を受けた場合（外傷性脳損傷）には，発達障害と同様の諸症状に加え，それらとは異なるさまざまな症状があらわれることがあります。それゆえ，医療機関と連携をとり，それらの症状について理解を深めることが支援を行っていくうえでは不可欠です。

②症状・状態の正確な把握

　外傷性脳損傷の場合，受傷後1年以内の回復が著しいとされています。すなわち，この期間は症状・状態像が大きく変容します。これは本人にとっても周囲の者にとっても喜ばしいことですが，一方で回復に対する過度の期待をもたらしてしまう場合があります。一般に，受傷から1年を経た後は回復のスピードは低下するとされています。また，機能によって回復のスピードや程度が異

なること，損傷を受けた機能とそうでない機能が混在していることなどから，状態像は複雑な様相を呈します。医療機関と連携しながらC男君の状態像を正確に把握し，必要とされる支援方法（物理的環境の整備等も含めて），支援体制について検討しましょう。

③復学プランおよび個別の支援（指導）計画の作成

　C男君の回復の経過を見守りながら，支援方法，支援体制の整備を進め，医療機関，保護者（必要に応じて本人）とともに復学の時期を決定します。短時間あるいは数日間の試験的な登校を行ってみることや復学当初は短時間の在校とし，様子を見ながら徐々に時間を延ばしていくという登校形態などが必要となるかもしれません。さらに，C男君，保護者および教師自身のねがいや思いを整理し，その実現に向けて必要とされる支援（リハビリも含めて）は何か，それらを「だれが」「どこで」「どのように」提供していくかを検討し，復学プランおよび個別の支援（指導）計画を作成しましょう。外傷性脳損傷の場合，状態像が著しく変化する可能性があるため，短いスパンで個別の支援（指導）計画を見直す必要があり，復学後も医療機関との連携体制を継続することが望まれます。

④受け入れ態勢

　脳に損傷を受けた結果として，外見上は以前と変わっていないように見えても，言動や認知機能に大きな変化が生じている場合があります。また，受傷以前の自己イメージと現在の自分の姿とのギャップに，本人自身が戸惑い，苦しんでいる場合も少なくありません。専門家を招いて，教職員だけでなく，児童たちに対しても，C男君の状況や支援のあり方について正しく理解する機会を設けましょう。

> **よくない対応の例**　教員や周囲の児童たちが本人の状況を十分理解できないままにおこなった不用意な発言やふるまいによって，不登校状態になってしまった例が少なからず報告されています。また，医療的ケアの終了後に，あるいは復学後にはじめて支援に取り組みはじめることは避けなくはいけません。

（野口）

Q **Ⅵ-4 ADHD**（医療との連携）

ＡＤＨＤと診断されている子どもがクラスにいます。薬物療法を受けているとのことなので，主治医からさまざまな注意事項を聞いておきたいのですが，連絡はどのようにしたらいいでしょうか？

> **ケース**
>
> 　小学2年生のD子さんは，1年生のときから注意が逸れやすく飽きっぽさが目立っていたため，保護者と何回か話しあいをもってきました。最近，ようやく専門の医療機関を訪れ，いろいろな検査も受けて，ＡＤＨＤの不注意優勢型との診断を受けて薬物療法が開始されたとの報告を受けました。学校としても，ぜひ主治医の見解をお聞きしたいと思っているのですが。

A ①医療との連携は大切です。
②薬物療法がすべてではありません。
③医療との連携には，いくつか注意すべき事項があります。

①トータルに

　一人の児童を，医療・教育・家庭などのさまざまな領域からトータルに見続けていくことは，とても大切な姿勢です。これに福祉や保健という領域が入ってくることもあります。学校のことは学校の中で自己完結，という姿勢で済んでいたのはすでに過去のことです。多領域間の連携は「言うは易くおこなうは難し」ですが，ぜひトライしてください。

②対症療法

　薬物療法が開始されたとのことですが，ＡＤＨＤの薬物療法はあくまでも対症療法です。原因をとり除く根治療法ではないのです。薬を服用するようになったからといって，すぐに劇的に変わるわけではありません。過度の期待は禁物です。いろいろな対応法の中の一部として薬物療法が組みこまれることもある，という理解が必要です。

③医師は多忙です

　医師は個人情報に関して守秘義務を負っています。連携が大切だという認識は，ほとんどの医師がもってはいますが，保護者の同意が得られていないと，

受診しているかどうかを含めて一切の情報を伝えることができません。厳密に言うと本人の同意も必要なのですが，未成年の場合は保護者が代理するという考え方でよいと思います。受診した際に「学校から問いあわせがあると思います。親としては同意しているので，よろしくお願いします」というようなことを話しておいてもらうのが，いちばんスムーズだと思います。

　中には，保護者の同意をとっていることを証明する書面を要求する医師もいると思います。それぐらい個人事項の扱いは慎重になされるべきものなのです。ですから，電話で安易に問いあわせる，という手法はおすすめできません。医師はとても多忙なのです。電話でアポイントメントをとって，詳しいことは直接面接にてお聴きするという方法が無難でしょう。その場合も，延々と時間を浪費することのないように，聴きたいこと・確認したいことを要領よくまとめていきましょう。

　当然のことですが，主治医の治療方針・学校に配慮してもらいたいと思っていることなどを確認したら，保護者にフィードバックする必要があります。けっこう煩雑な手続きと思われるかもしれませんが，一度つながりをつくると，あとは相当スムーズな情報交換が可能になるはずです。何ごともはじめが肝心，ということですね。

> **よくない対応の例**
>
> 　薬で人の性格を変えるなんてとんでもない，という考えが教育界にはけっこう多いように思います。でも，ＡＤＨＤの薬物療法は，けっして「人の性格を変える」というものではありません。あくまでも対症療法なのだ，とは，この本の中でも何回か強調してきたところです。だいたい，そもそも「人の性格を変える」薬などというものはこの世に存在しないのです。いわれのない誤解や偏見は，結局はＤ子さんの教育・指導・処遇にマイナスの影響しかもたらしません。
>
> 　また，医師と接するからといってへりくだる必要もありません。教育者としての矜持をもって，子どもにかかわるものとして対等に接してください。　　　　　（関口）

連携／協力　117

Q **Ⅵ-5　統合失調症（連携）**

養護教諭から統合失調症の可能性ありと指摘された子どもを受けもっています。どうしたらいいでしょうか？

> **ケース**
>
> 小学5年生のE子さんは，ここ半年ほどの間に徐々に成績が低下してきて，生活面でもだらしなさが目立つようになってきました。母親が統合失調症のために通院治療を受けている，という話を以前の家庭訪問の際に父親から聞いたことがあります。養護教諭が本児と面接をした結果，統合失調症の可能性がある，とのことでした。これからのようにしたらよいでしょうか？

A ①情報を共有し，校内で連携して支援しましょう。
②保護者を巻きこんで！
③診断行為は医師の専売特許です！

①校内連携

養護教諭のその判断は，やはりとても重要だと思います。養護教諭はそれなりの訓練を受けてきていますから，「統合失調症の可能性あり」と指摘することの意味（プラス・マイナス両面の）を十分に知っているのが通常です。それは，経験の長短をあまり問いません。もちろん，経験が長ければ，より判断は的確になっていくものではありますが。まずは，学年主任等を巻きこんで校内連携を進めるべきでしょう。情報の共有をしっかりはかってください。

②家族との話しあい

保護者との話しあいの場を早急にもつべきだと思います。その場合，学校での様子をしっかりお伝えして，専門的な医療機関を受診したほうがよいということをお話しするのはもちろんなのですが，安易に可能性を疑っている診断名を用いるのは控えたほうがよいでしょう。E子さんの場合は，母親がこの病気で闘病生活を送っているのですから，なおさら慎重にしなければならないと思います。

③医療との連携

このケースは，医療機関の受診が必須です。それなしでは次の方針が立ちま

118　2章　ケースと支援編

せん。保護者に状態を説明して医療機関利用を決断してもらうことと同時に，本人への働きかけも重要になります。幸い，養護教諭はE子さんとしっかり面接できる関係をもっているようですし，ケース報告の書きぶりから学級担任として真摯に真剣に心配している様子が伝わってきます。ぜひ「あなたのことが心配だよ。具合悪そうだし，一度病院に行ってみようよ。ご両親にもお話ししているよ」などの声がけをしてあげてください。

　統合失調症の場合，自分が精神的な病にかかっているということを認識するのはなかなか難しいといわれています。これを「病識の欠如」ということもあります。ましてや小学5年生です。自分では気づきようがありません。でも，なんとなくしんどい・眠れない・つらい・苦しい・不安だ・イライラするなどの「病感」（病気である感じ）は，普通はあります。病気（疾患）が身体内で進行しているのですから，自覚症状がないほうがおかしいと考え，それをとっかかりにしてください。

　保護者の了解をかならず得たうえで，事前に医療機関に情報を伝えておくことも大切です。学校の様子に関する詳細な情報は，診断を的確におこない，今後の治療プログラムを作成するためにも，きわめて重要です。電話で長々と話すよりは，文書の形にして初診の前に送付しておく，ないしは初診の際に持参してもらうという手法がとれるとよいですね。そのためにも，記録をしっかり残す習慣をもちましょう。きっちり書かなくてもよいのです。あとで思い返すことができるようなキーワードだけでもかまいません。自分にあった記録法を工夫してみてください。

よくない対応の例　「そんなことはあるはずがない」という独断的判断，「そのうちなんとかなる」という根拠のない思いにもとづく放置，「とにかく病院に行け」という強圧的態度などは，結果として児童および家族のためになりません。いうまでもない当然のことですが，実際にはよくあることなので，あえて指摘しておきます。

（関口）

Q　Ⅵ-6　肥満傾向（食事・家族）

肥満傾向が強く，何ごとにも消極的です。クラスの子どもたちとのいっしょの活動にもあまり参加しようとしません。どう対応すればよいでしょうか？

> **ケース**
>
> F男君は，肥満傾向が強く，身体を動かすことはもちろんですが，勉強も含め何ごとにも消極的です。クラスの子どもたちのいっしょの活動にもあまり参加しようとしません。家庭での食事や生活が気になるので，保護者にも伝え，共同歩調で対応したいのですが，生活の中身を聞くようで気が引けてしまいます。

A
①肥満の要因を含め，養護教諭とともに情報を収集しましょう。
②家庭や家族の様子，肥満が家族全体の傾向かどうかを把握しましょう。
③肥満解消ではなく，活動レベルと食行動への配慮を考えましょう。
④疾病による肥満に関しては，受診を促すことを優先しましょう。

①肥満の要因を含め，養護教諭・学校医とともに情報収集

　肥満傾向の子どもが増えていることは，多くの人が認めるところです。その原因は，食事内容，特に摂取カロリー量が増えていること，夜遅く食事や間食をとること，運動量が少なくなりとったエネルギーを使わないために身体に蓄積されるなど，さまざまな要因が関係しています。なかには，病気の兆候や症状としての肥満傾向の可能性も否定できません。ただ「太っている」といった一般的な印象と把握ではなく，学校での健康管理の専門家の援助を受けながら，情報を収集しましょう。

②家庭や家族の様子，肥満が家族全体の傾向かどうかを把握

　食事や生活パターンが肥満の要因である場合，子どもへの支援や指導だけでは十分な改善が望めません。だからといって，家族の生活に介入することはできません。そこで，家族に協力を要請するようなアプローチをして，子どもの成果が家族の生活パターンの改善につながるようにする必要があります。そこを怠れば，子どもの改善は難しく，少し改善しても土日や長期休業ですぐにも

とに戻ってしまいます。

③肥満解消ではなく，活動レベルと食行動への配慮

　肥満そのものの改善に向かうのは，医療的立場が中心です。教育的支援の立場からは，活動のレベルを活発にすることや食事という場面の設定を通しての肥満の解消が本筋です。動くことを好まない子どもに，一気に追い立てるように動かそうとしても動くことを嫌いになるだけです。

　むしろ，少しずつ，「もう少し走りたい，ボールで遊びたい」という気持ちを残すレベルを把握して，次へと続けるように支援します。次に，「みんなといっしょを楽しみ，会話を楽しむ」食事場面を設定してみましょう。会話のない食事場面では，噛まずに早く食べるようになってしまいがちですから，それを改善しましょう。

④疾病による肥満に関しては，受診を促すことを優先

　肥満の要因は，必ずしも摂取カロリーが多いことと，そのエネルギーの使い方が少ないことによるだけではありません。肥満が病気の兆候であったり，また肥満の結果はさまざまな病気に結びついたりすることはよく知られているとおりです。子どもの場合もそれは同じですから，養護教諭や学校医などの支援を受けながら，医療機関の受診を促すことが求められます。"受診は保護者の役割"です。

> **よくない対応の例**　病気の中には，症状や治療の副作用により，むくみが生じることがあります。一見すると肥満のように見えなくもないのですが，性質はまったく違います。もしも病気の兆候である場合には，単にむくんでいるだけではなく，日ごろと様子が違って，急に疲れやすくなったり，顔色が悪くなったりします。子どもを毎日見ていることで気づく変調もありますので，学校での観察は重要です。

（村上）

その他

Q **Ⅶ-1 虐待（身体疾患）**
特に身体的な病気はなさそうなのですが，身長・体重がなかなか伸びません。心配ないでしょうか？

ケース

> 小学1年生のA子さんは，入学のときにも気になったのですが，とても身長が低く，やせも目立ちます。給食がはじまってからしばらくして，いくらか身長が伸びるようになった，と養護教諭から報告がありました。家庭に連絡を入れているのですが，「関係ない。放っておいてほしい」との返事です。いつも同じ服を着ていて，だいぶ汚れが目立つのも気になるところです。

A ①いろいろな可能性があるにはありますが…。
②残念ながら，子ども虐待の一種としてのネグレクト（養育放棄）の可能性が高いでしょう。

①身体疾患？

内分泌疾患（脳下垂体性小人症など）をはじめとして，成長障害を呈する身体疾患はたくさんあります。特に身体的な病気はなさそう，という記述がありますが，素人判断は禁物です。診断をするのは，あくまでも医師の役割です。あまり協力的なご家庭ではなさそうなので，情報を確認するのは難しいのでしょうが，養護教諭とも相談しつつ，ほかの身体症状の有無を見きわめながら，様子をきめ細かく観察し続けてください。校医さんとの相談を組みこむことも重要だと思います。状態しだいでは，医療機関の受診を強くすすめることも考えなければならないでしょう。

あらゆる身体症状・精神症状・行動上の問題に対して，身体疾患の可能性を常に頭の片隅において向きあうことの重要性は，いくら強く言っても強調しすぎということはありません。子どもの場合は心身相関が密接ですので，とりわけそうした見方が必要です。見すごしは，生命にもかかわります。

②ネグレクト

　前述した「身体疾患の可能性を見すごさない」が原則ではありながら，この A子さんの場合は，子ども虐待（マルトリートメント）の一種とされているネグレクトの可能性がもっとも高いようですね。「児童虐待の防止等に関する法律」では「児童の心身の正常な発達を妨げるような著しい減食又は長時間の放置……」（2条3号）と規定されています。「いつも同じ服を着ていて，だいぶ汚れが目立つ」というのが，もっとも気になるところです。「著しい減食」の直接的な影響として，そして子どもの心身の健全な成長にとって必要不可欠の慈愛あふれる言葉がけや身のまわりの世話が決定的に欠けることによる悪影響として，低年齢の子どもの場合，極度の成長障害が起こることがしばしばあります。

　同法第5条第1項には，「学校，児童福祉施設，病院その他児童の福祉に業務上関係のある団体及び学校の教職員，児童福祉施設の職員，医師，保健師，弁護士その他児童の福祉に職務上関係のある者は，児童虐待を発見しやすい立場にあることを自覚し，児童虐待の早期発見に努めなければならない」という条文があります。さらに第6条第1項には「児童虐待を受けたと思われる児童を発見した者は，速やかに，これを市町村，都道府県の設置する福祉事務所若しくは児童相談所又は児童委員を介して市町村，都道府県の設置する福祉事務所若しくは児童相談所に通告しなければならない」という記載があります。

　ご存知でしたか？　疑いをもった段階でも通告を怠ると，学校の教職員の場合は法律違反になる，ということなのです。いまや児童相談所がかかわる子ども虐待相談の約15％は学校からの通報です。「学校は子ども虐待の最大の発見場所，教師は虐待の最重要の発見者」ということを，どうぞ十分に認識してください。教師は子どもたちの命を守ることができる，大事な仕事なのです。どうぞ，意識を高くもって，子どもたちを見守ってください。「どうせだれかが通告するさ」「学校の恥は外に出すな」という対応・とらえ方は，もっともよくありません。

（関口）

Q **Ⅶ-2　虐待（ケガ）**

家でケガをしてくることが多いように思います。どう考えて，どう対処したらいいでしょうか？

> **ケース**
>
> 小学3年生のB男君は，学校でケガをすることはあまりないのですが，家ではしょっちゅうケガをします。背中にあざがあるのを偶然に発見したこともありますし，「転んで肋骨を折ったので，しばらく運動させないでほしい」と母親から連絡が入ったこともあります。ときどき，手足につねったようなあとが見られるのも，気になるところです。

A　①子ども，特に男の子は，ケガが多いですよね。
　②まずはB男君に聴いてみましょう。
　③身体的虐待の可能性を常に念頭に置いて教育・指導にあたってください。

①子どもにケガはつきもの

　子どもは，本当にびっくりするほど，ケガが多いですよね。男の子，なかでも活動的で動きの激しいタイプの子は，毎日のようにケガをします。不器用さの目立つ子も，ケガが多いですね。

　それにしても「肋骨骨折」というのは，とても気になります。手足のつねったようなあとというのは重大な所見ですね。そのつど記録をしておくことが，まずは大切です。写真を撮っておくと後で証拠として役立つのですが，ちょっと行きすぎになるかもしれません。難しいところです。

②「聴く」ことから

　あまり強く追及するような形にせずに，さりげなく「どうしたのかな？　そのケガ」とか「痛いでしょ，それ」と声がけするところからはじめるとよいかもしれません。日々の信頼関係がないと，子どもはなかなか話してくれません。もしも，次に述べるような「身体的虐待」だとしたら，信頼関係があっても話してくれないかもしれません。でも，聴き続ける姿勢はとても大切です。

③身体的虐待の可能性

　このようなケガの場合，常に身体的虐待の可能性を念頭に置いてかかわっていくべきでしょう。「学校でケガをすることはあまりないのに」とか「手足につねったようなあと」というのはとても気にかかります。

　「児童虐待の防止等に関する法律」の規定をここでも引用してみましょう。「児童の身体に外傷が生じ，又は生じるおそれのある暴行を加えること」（2条1号）というのが身体的虐待の定義です。そして，身体的虐待に特徴的なケガ（これがあれば虐待の証拠になるというケガ）はほとんどない，逆にいうとどんなケガでも虐待を疑うべき，ということもすでに常識といってよいでしょう。

　ケガの頻度が増えてきた・子どもからの訴えがあった・重大なケガ（骨折等）が生じたなどの場合は，早急に児童相談所や市町村の相談窓口に連絡し，相談していくことが必要になります。学校内で複数の教職員と情報を共有して，通告のタイミングを見定めることができるといいでしょう。子ども虐待はとても重たい荷物なので，多くの人でもつことで一人ひとりの肩にかかる重さを減らしていくことが大事です。早め早めに対応することが，子どもの命を守ることにつながります。

　通告を躊躇するのは，確証がないと通告できないのではないかという思いこみと，守秘義務違反になるのではないかという誤解が大きな要因のようです。疑いをもった段階で通告していいのです。しかも，児童相談所は，通告がどこから・だれから・どのようにあったのかを明らかにすることはありません。通告者の匿名性を確保します。守秘義務に関しては，「児童虐待の防止等に関する法律」に次のような規定があります。「刑法の秘密漏示罪の規定その他の守秘義務に関する法律の規定は，（中略）通告をする義務の遵守を妨げるものと解釈してはならない」（6条3項）というものです。つまり，教師として，そして多くの場合，公務員としてももっている児童生徒の秘密を守るべき守秘義務に違反することにはあたらない，ということなのです。

　B男君の場合は，もうすでに通告が必要な段階に達していると思います。学校だけで抱えこむのは，もっともよくない対応だと思います。外部機関を積極的に利用してください。

（関口）

Q **Ⅶ-3　虐待（性的虐待）**

子どもが「家で変なことをお父さんからされている」と性的虐待を疑わせる訴えをしてきました。相談を受けたこちらがパニックになっています。どうしたらいいでしょう？

> **ケース**
>
> 小学5年生のC子さんは，初潮もあり第二次性徴の特徴も出はじめています。これまでもときおり身体的不調を訴えて保健室に来ていました。先日，思いつめた表情で来室しました。「何かあったの？　だれにも言わないから，話してみて」と問いかけたところ，「お父さんが私の身体を触って変なことをする」との話が出てきました。これは，性的虐待なのでしょうか？　どのように動くべきでしょうか？

A
①まずは「信じること」から！
②先生一人では守りきれません。
③「性的虐待」という，ことの重大性を理解しましょう。

①「よく話してくれたね」

内容が内容ですから，頭の中がパニックになるのは，よくわかります。でも，先生は子どもを守るプロフェッショナルです。すぐ立ち直ってください。そして，出てきた言葉をそっくりそのまま信じてあげてください。事情聴取や証拠集めは不要です。「よく話してくれたね」とほめることも忘れずに！　勇気をもって思いきって話したことをしっかりと受けとめてくれた大人がいた，というだけでも，生きていく糧になるものなんですよ。

②「だれにも言わない」という約束は守れない！

次に，「だれにも言わないから」という約束は守れない，ということを話さなければなりません。そもそもどんな相談であっても「だれにも言わないから」は禁句です。先生一人の力では，とても守りきれません。はっきりした性的虐待ですから，児童相談所への通告が必要です。緊急で一時保護ということも十分に考えられるケースです。

③性的虐待

　まずは「児童虐待の防止等に関する法律」から該当箇所を引用してみましょう。「児童にわいせつな行為をすること又は児童をしてわいせつな行為をさせること」（2条2号），具体性に乏しい記述ですが，これが法律上の性的虐待の定義です。

　性的虐待は，別名「魂の殺人」ともいわれています。身体的虐待のように生命にかかわるということはあまりありませんが（宗教的儀式やサディスティックな行為がからむ場合はその限りではありません），精神的なダメージが強く生じやすく，場合によってはそれが一生涯にわたって持続してしまうことも多い，ということが知られているのです。前思春期から思春期にかけて初発すること，被害者は女の子であることが圧倒的に多いこと，脅しによる監禁状態が長期間におよぶこともあることなどとも関連することでしょう。

　性的虐待の残酷なところは，被害者が快感を体験してしまう場合があることです。自責の念が強まり，それが極度の無力感にもつながりやすい，ということが指摘されています。ほかの家族構成員から気づかれにくい，場合によっては黙認や無視をする家族構成員（とりわけ母親が多いといわれます）がいる，なども精神的・情緒的・社会的発達にとっては悪条件になりますね。

　また，話の内容がそのつど少しずつ変わっていく，というのも性的虐待の特徴だといわれています。ローランド・サミットが報告した「性的虐待順応症候群」の中にそのような特徴が記載されています。「そんなことはあるはずがない」「さっき言ったことと違うじゃないか。うそをついているんだろう」「あなたが断らないから，そんなことになったんだ」という言葉がけや，重箱の隅をつつく事情聴取は最悪の対応です。

（関口）

よくない対応の例　「あなたが断らないから」「うそをつかないで」と子どもを責める

あなたがちゃんと断らないからじゃないの？
うそついてるんじゃないの？

×

Q **Ⅶ-4 糖尿病**（食事・社会性）

糖尿病の子どもです。低学年のころは大人の指示によく従いましたが，高学年になると指示を嫌がるようになりました。どうすればよいでしょうか？

> **ケース**
>
> D子さんは，インシュリン依存型糖尿病と診断されています。低学年のころは担任や養護教諭の指示に従って，血糖検査やインシュリン自己注射，低血糖時の補食もきちんとできていました。しかし，高学年になってくると，指示を嫌がったり，検査などの約束の時間に保健室に来なかったりするときがあります。

A
①家庭と連絡をとり，現在の病状や家庭での管理の状況を把握しましょう。
②管理の指示に従わない場面を詳しく観察する必要があります。
③子どもの自立を促すためには，時間と手間がかかります。

①家庭と連絡をとり，現在の病状や家庭での管理の状況を把握

学校側は病名を知らされているので，家庭と連絡を緊密にとりあい，現在の病状や家庭における糖尿病の管理の状況を把握することが必要でしょう。特に，家庭でどれほど保護者が管理に手をかけているのかを知ることが大切です。気にかけすぎても無視しすぎても，子どもは自分の病気の管理にきちんと臨みません。

②管理の指示に従わない場面を詳しく観察

血糖検査や自己注射，低血糖時の補食などが必要と思われる場面で，声がけを必要とする状況，その声がけに従う場面とそうでない場面がどのようなものであるのか，詳しく把握する必要があります。友達といっしょのときはどうか，自分の好きな活動をしているときはどうか，一人でいるときにはどうかなどです。また，自分から進んで管理をおこなう場面はどうであるかなどを知る必要があります。その中に，子どもへの対応のヒントがあります。

③子どもの自立を促すためには，時間と手間がかかることを認識

　このインシュリン依存型糖尿病をはじめとして，実技的な自己管理を必要とする慢性疾患は，実技的な面が可能となっているからといって，子どもがその成長に応じて，すべてきちんとするとは限りません。「できること」と「やろうと思うこと」はまったく別物です。低学年までは自分のできる自己管理も限られていますが大人の指示に従います。「できること」と「やろうと思うこと」が近いのです。ところが，成長し「できること」が増えてくるとともに，心の成長によりさまざまな考えをもつことができるようになり，「やろうと思うこと」「やりたくないこと」など考えの幅が広がります。

　心の成長にとっては大切なことですが，身体の管理にとってはマイナスに作用することも十分にあります。これを改善するためには，大人の指示を聞く低学年段階から少しずつ管理の中身を子どもの側に移し，自分の管理と体調の変化が関連していること，自分の身体に自分が責任をもつことを4，5年以上の長い時間をかけて伝える必要があります。

よくない対応の例　病気の管理について理解できていて，以前はきちんとできていた子どもが，成長とともに拒否的な態度を示すことに対し，「自分のことなのになんでしないのか」「もう大きくなったのだから，一人でやるべきだ」といった対応をすることは誤りです。やってもやっても完治しない病気の管理を何も考えずに機械的におこなえるほうが，その心理的発達に問題をかかえていることになります。医療者の技術的なケアの代わりを本人ができていれば「自己管理が可能となった」と考えることは誤りです。この子どもの場合には，友達と遊んでいる場面を一時的にせよ離れる決心をすること，それを伝えること，検査や治療のために，ときには自分自身に針を刺す行為をおこなうことなど，子ども自身の意思決定やその際の妨害要因が多数あることを理解し，それを側面から支えることこそが大切です。

(村上)

Ⅶ-5 血友病・心臓疾患（運動・状況把握）

Q 病気の子どもには，あまり活発に動いてほしくないのですが，ほかの子どもと同じように動こうとします。どのように対応すればよいのでしょうか？

ケース

小学3年生のE男君は血友病，F子さんは心臓疾患と診断されています。E男君は出血が起きるので，またF子さんは息苦しそうにするのでできるならばあまり活発に動いてほしくないと思っています。しかし，子どもはほかの子どもたちと同じように動こうとしますし，今のところ問題がなさそうです。保護者もそれを了承しています。担当者としては心配です。

A
①家庭と連絡をとり，現在の病状や家庭での管理の状況を把握しましょう。
②子どもの運動の実態と，必要な活動制限との関係を把握しましょう。
③子どもの自主的な判断を尊重することを基本としましょう。
④子どもの自立を促すためには，時間と手間がかかります。

①家庭と連絡をとり，現在の病状や家庭での管理の状況を把握

学校側は病名を知らされているので，家庭と連絡を緊密にとりあい，現在の病状や家庭における血友病や心臓疾患の管理の状況を把握することが必要でしょう。特に，家庭でどれほど保護者が子どもの運動や活動を認めているのか，あるいは運動などの判断をどれほど子ども自身にゆだねているのか知ることが大切です。運動や活動を抑制しすぎても，反対に配慮がなさすぎても，子どもは自分の病気の管理にきちんと臨みませんし，結果として身体にマイナスに作用します。

②子どもの運動の実態と，管理上必要な活動制限との関係を把握

ふだんの子どもの運動やさまざまな活動の実態と，病気の管理上おこなわなければならない活動制限との関係を保護者や保護者を介して医療関係者とつめてみる必要があります。保護者や医療関係者も，子どもの運動や活動の実態をほとんど把握せず，抽象的な理解にとどまっていることが多いものです。また，小さなときから子どもを見ていればなおさら他の子どもの運動の激しさや荒っ

ぽさを理解していませんし、保護者の前では子どももおとなしくふるまう傾向が強いものです。

③子どもの自主的な判断を尊重することが基本

激しい活動や運動への参加は、基本的には子どもの判断にまかせましょう。ただし、確実に危険である事柄やスポーツの種目などは、保護者・医療関係者と子どもも含めて相談のうえ、あらかじめ決めておきます。もしもそれを守らない場面に遭遇したならば、自らが決定に加わった取り決めであることを子どもにきちんと伝えることが求められます。中途半端な「アーアー、だめなんだ」などといったレベルではなく、周囲の友達からいったん切り離した場面を設定し、「みんなと相談のうえ、E男君（F子さん）もいっしょに決めたことですね」といった対応が求められます。

子どもも決定に参加している場合には、子どもはその事実を受け入れます。保護者・医療関係者と教師だけで決定した場合には、それが望めませんので、決定のプロセスに必ず子どもを一人の人格をもつ人間として参加させるべきです。

よくない対応の例　もっとも悪い対応は、子どもの自主性と決定への参加を認めないことです。そのうえに立って、「これはダメ、こちらはよい」といったとしても判断基準はあくまでも保護者や教師にあり、子どもの中に基準が育たないことになります。

低学年ぐらいまでは保護者や教師の指示に従いますが、前述の糖尿病と同様に、成長とともに自分の判断やその場の状況で行動します。これは、身体的には明らかにマイナスの作用を生じます。

小さなころから一人の人格をもつ人間として、活動内容の取り決めに加わることは、判断基準にもとづく活動がきちんとできるようになっていくための、長い時間をかけた成長の支援です。「できないこと」を見せつけてその子どもの行動を縛るのではなく、「できること」を発見する場面と考えるべきです。

（村上）

索引

【あ】
アスペルガー症候群　90
アトピー性皮膚炎　84

【い】
意識レベル低下　42，80，82
遺伝　5
医療との連携　116

【う】
運動制限　104

【か】
ガイドライン　10
学業不振　6
学習支援　28，64，66
獲得性脳損傷　60，114
学級崩壊　90
学校経営　94
活動制限　104
活動の保障　82
活動への参加　62
癇癪　20
緩慢な行動　18

【き】
気管支喘息　48
虐待　11，122，124，126
共感　13
教室の飛び出し　74
筋ジストロフィー　46

【く】
クラスがえ　32
クラスの子どもへの説明　106

【け】
計算困難　58
軽度発達障害　4，5
血友病　104，130

【こ】
高機能自閉症　76
高次脳機能障害　60，114
行動支援　28
広汎性発達障害　6，24，28，62，64，70，74，90，110
個性　12
子育て　12
言葉の遅れ　72
個別指導補助　62
個別の指導計画　9

【さ】
座席　98

【し】
支援計画　9
視覚障害　52
事件・事故　92
自己イメージ　24
自己評価　24
自己有能感　24

自傷行為　20
姿勢　52
指導計画　9
自閉症　6, 76, 88
授業参加　78
授業放棄　74
障害の説明　88
食事制限　86, 108
食物アレルギー　86, 108
書字困難　56
心臓疾患　50, 104, 130

【せ】

性差　5
性的虐待　126
整理・整頓　26
先天性股関節脱臼　44
先天性心疾患　50
専門機関との連携　112

【ち】

知的障害　6, 66, 90
聴覚障害　52

【て】

てんかん　42, 80, 82

【と】

統合失調症　38, 102, 118
糖尿病　40, 86, 106, 128
読字困難　54
特殊教育　2
特別支援教育　2
特別支援教育コーディネーター　94
特別支援学級　3

特別支援学校　3

【は】

発達障害　4, 5, 6, 13, 14, 20, 24, 28, 62, 64, 70, 74, 90, 92, 110
場面緘黙　30, 32, 96
犯罪　13

【ひ】

一人遊び　70
肥満　120

【ふ】

復学　114
不登校　11, 34, 36, 68
文章題困難　58

【ほ】

暴言・暴力　22
ほかの子どもからのクレーム　100
保健室登校　68
保護者との連携　112
保護者への対応　110
ほめる　96
ぼんやり　40, 50, 80

【も】

物をなくす　42

【A】

ＡＤＨＤ　7, 8, 16, 22, 24, 26, 64, 66, 78, 90, 92, 98, 100, 116

【L】

ＬＤ　7, 8, 54, 56, 58, 66, 90

133

Q&A クラスのなかの「気になる子ども」
──「特別なニーズ」の理解と支援──

2007年3月6日　初版第1刷発行
2010年2月13日　初版第3刷発行

編 者　渡辺　徹
発行者　小林　一光
発行所　教育出版株式会社
　〒101-0051　東京都千代田区神田神保町2-10
　TEL 03(3238)6965　振替00190-1-107340

ⓒT. Watanabe 2007　　　　　　　　　印刷　モリモト印刷
Printed in Japan　　　　　　　　　　　製本　上島製本
落丁・乱丁はお取替えいたします。

ISBN978-4-316-80204-6　C3037

教育出版

〒101-0051 東京都千代田区神田神保町2-10 tel. 03-3238-6965 fax. 03-3238-6999
ホームページ http://www.kyoiku-shuppan.co.jp/

特別支援教育ライブラリー

特別支援教育への招待
宮城教育大学特別支援教育総合研究センター 編

障害等の基礎的知識を解説し、特別な支援を必要とする子どもたちのニーズの把握と適切な支援の内容・方法に関する具体例を示す。特別支援教育コーディネーター必携！

個別の教育支援計画の作成と実践
特別なニーズ・気になる子どもの支援のために
香川邦生 編

特別な教育的ニーズを有する児童生徒を支援する「個別の教育支援計画」について解説し、障害種別ごと、および通常学級での作成・実践例を紹介する。

Q&A クラスのなかの「気になる子ども」
「特別なニーズ」の理解と支援
渡辺徹 編

通常の学級で、障害等の「特別なニーズ」をもつ「気になる子ども」をどう理解し、支援したらよいか。Q&Aで解説するとともに、「よくない対応の例」を示す。

自閉症スペクトラム児・者の理解と支援 医療・教育・福祉・心理・アセスメントの基礎知識
日本自閉症スペクトラム学会 編

自閉症スペクトラムの基礎知識を、医療・教育・福祉・心理・アセスメントの各領域から解説。

講座 特別支援教育 （全3巻）

1. 特別支援教育の基礎理論
2. 特別支援教育における障害の理解
3. 特別支援教育の指導法

筑波大学特別支援教育研究センター／
斎藤佐和／前川久男／安藤隆男 編

特別支援教育に携わる教師、及び特別支援学校教員免許取得を目指す現職教師・学生必携のシリーズ！ ● 最新の動向を踏まえつつ、特別支援教育の基礎理論を解説（1巻）。● 各障害ごとに、その基礎知識を解説（2巻）。● 特別支援教育における指導法を、各障害ごとに具体的に解説（3巻）。

**親・教師・保育者のための
遅れのある幼児の子育て**
寺山千代子・中根晃 著

自立活動の指導
香川邦生・藤田和弘 編

視力の弱い子どもの理解と支援
大川原潔・香川邦生・瀬尾政雄・
鈴木篤・千田耕基 編

聴覚障害児の残存聴力活用
須藤貢明・濱田豊彦・荒木紫乃 著